Weede

Mensch, Markt und Staat

Zukunft der Sozialen Marktwirtschaft
Herausgegeben von der Ludwig-Erhard-Stiftung e.V.

Bd. 4

Die Ludwig-Erhard-Stiftung ist 1967 von Altbundeskanzler Prof. Dr. Ludwig Erhard gegründet worden, um freiheitliche Grundsätze in Politik und Wirtschaft zu fördern. Ihre Arbeit wird von der Heinz Nixdorf Stiftung unterstützt.
Die Schriftenreihe der Ludwig-Erhard-Stiftung, „Zukunft der Sozialen Marktwirtschaft", soll Orientierungshilfen und Handlungsempfehlungen geben. Sie wendet sich gleichermaßen an die praktische Politik wie an politisch interessierte Leser.

Erich Weede

Mensch, Markt und Staat

Plädoyer für eine Wirtschaftsordnung für unvollkommene Menschen

 Lucius & Lucius · 2003

Anschriften:

Prof. Dr. Erich Weede
Seminar für Soziologie
Universität Bonn
Adenauerallee 98 a
53113 Bonn

Ludwig-Erhard-Stiftung
Johanniterstr. 8
53113 Bonn

Redaktion: Philipp Wolter

Bibliografische Information der Deutschen Bibliothek

Die Deutsche Bibliothek verzeichnet diese Publikation in der Deutschen Nationalbibliografie; detaillierte bibliografische Daten sind im Internet über http://dnb.ddb.de abrufbar

ISBN 3-8282-0256-X

© Lucius & Lucius Verlagsgesellschaft mbH, Stuttgart 2003
Gerokstr. 51, D-70184 Stuttgart
www.luciusverlag.com

Das Werk einschließlich aller seiner Teile ist urheberrechtlich geschützt. Jede Verwertung außerhalb der engen Grenzen des Urheberrechtsgesetzes ist ohne Zustimmung des Verlages unzulässig und strafbar. Das gilt insbesondere für Vervielfältigung, Übersetzungen, Mikroverfilmungen und die Einspeicherung, Verarbeitung und Übermittlung in elektronischen Systemen.

Druck und Einband: Druckhaus Thomas Müntzer, Bad Langensalza
Printed in Germany

Für Hildegard

Inhalt

Einführung 9

1. **Mensch und Gesellschaft**
   1.1 Mensch und Markt 13
   1.2 Macht und Herrschaft 20
   1.3 Demokratie und Konsens 26

2. **Kontrolle und Wettbewerb**
   2.1 Die Unternehmen 33
   2.2 Staat und Politik 35

3. **Institutionen und Anreize**
   3.1 Eigentum, Freiheit und Wissensnutzung 40
   3.2 Freiheit, Verantwortung und Innovation 48
   3.3 Freiheit oder Staatseingriffe 51

4. **Rent-Seeking und ordnungspolitischer Verfall**
   4.1 Monopole und Monopolrenten 63
   4.2 Interessengruppen oder Verteilungskoalitionen 67
   4.3 Die unrühmliche Rolle der Politik 70

5. **Politisches Handeln**
   5.1 Wohlfahrtsverluste durch Besteuerung 80
   5.2 Grundzüge einer wirtschaftsfördernden Politik 84

5.3 Ist begrenzte Staatstätigkeit noch möglich? 90

5.4 Willkürliche statt egalisierende Umverteilung 95

6. Standortwettbewerb und Globalisierung

6.1 Die weltweite Arbeitsteilung und ihre Folgen 104

6.2 Freihandel, Demokratie und Frieden 112

7. Warum Ordnungspolitik notwendig bleibt 123

Literatur 136

Personenregister 151

Sachregister 155

Einführung

In der Wirtschaft geht es um die Lösung von Alltagsproblemen. Es geht um die Produktion von Nahrung, Kleidung und Unterkunft, aber auch um Dienstleistungen, von der ärztlichen Versorgung bis hin zur Unterhaltung. Die westlichen Gesellschaften haben die dringendsten dieser Probleme so gut gelöst, dass viele Bürger, vor allem auch junge Menschen, vergessen, dass eine umfassende Versorgung mit Gütern aller Art keine Selbstverständlichkeit ist. Der materielle Wohlstand, den das bestversorgte Fünftel der Menschheit in den letzten Jahrzehnten genossen hat, ist eine historische Ausnahmeerscheinung. Tatsächlich war ein Lebensstandard knapp oberhalb der Schwelle zu existenzieller Not für die große Masse in der Vergangenheit die Regel – und ist es in weiten Teilen der Welt noch heute. Arbeitslosigkeit, Krankheit, Tod oder Arbeitsunfähigkeit des Ernährers konnten den Einzelnen und ganze Familien ins Unglück stürzen, sogar ihr Leben bedrohen.

Auf den ersten Blick sieht es so aus, als könnten Amerikaner, Europäer und Japaner nicht nur von der Lösbarkeit unserer existenziellen Probleme ausgehen, sondern auch davon, dass Letztere bereits ein für alle Mal gelöst sind. Aus dieser gleichzeitig optimistischen und oberflächlichen Perspektive wird übersehen, dass die erfolgreiche Wirtschaftsordnung des Westens und die Überwindung der Massenarmut nicht in erster Linie weiser Planung europäischer Fürsten oder demokratischer Politiker, sondern weitgehend historischen Glücksfällen zu verdanken ist. Es wird weiter übersehen, dass es bis 1989 ein mächtiges und bedrohliches Gegenmodell zur Marktwirtschaft westlicher Prägung gab, dem vielleicht hundert Millionen Menschen zum Opfer gefallen sind – ungefähr die Hälfte davon durch Hunger. Es wird so getan, als ob wir im Westen das materielle Versorgungsproblem vergessen könnten, um uns der „höheren" Aufgabe zuzuwenden, eine „bessere", „egalitärere" oder „gerechtere" Gesellschaft aufzubauen. Viele glauben, der Wirtschaft das angeblich schon gelöste Produktionsproblem und der Politik das Verteilungsproblem zuweisen zu dürfen. Diese intellektuelle „Arbeitsteilung" wäre dann – und nur dann – unproblematisch, wenn man davon ausgehen könnte, dass politische Verteilungsentscheidungen keine Rückwirkungen auf Produktion und Wohlstand haben. Diese Vorstellung bleibt auch dann eine Illusion, wenn die Volksvertreter fest daran glauben und diejenigen Politiker bei den Wählern am besten ankommen, die mit besonderem Nachdruck versprechen, auf der Basis dieser Illusion Politik zu machen.

Die Überzeugung, dass es uns heute nur noch um höhere Werte wie Gleichheit und Gerechtigkeit und nicht mehr um wirtschaftliche Effizienz und Arbeitsanreize gehen müsse, ist in einem Zeitalter, das gleichzeitig mit zwei ernsten Herausforderungen fertig werden muss, doppelt gefährlich. Die erste Herausforderung besteht in einem rapide zunehmenden Anteil alter Menschen an der Bevölkerung. Zum Teil dürfen oder können die Älteren nicht mehr arbeiten, zum Teil wollen sie es auch nicht. Dass ihre Versorgung per Umlageverfahren der Rentenversicherung in Zukunft problemlos vonstatten gehen wird, glauben nicht einmal mehr unsere Politiker. Die zweite Herausforderung resultiert aus der Globalisierung, aus einer Verschärfung des weltweiten Wettbewerbs. Die Globalisierung kann zu materiellen Wohlfahrtsgewinnen führen und zur Verringerung der Kriegsgefahr beitragen, ist also letztlich eher eine Verheißung als eine Gefahr. Aber Wettbewerb, ob zu Hause oder global, ist ein Feind schlafmütziger Bequemlichkeit; verschärfter Wettbewerb ist eine Herausforderung, die Flexibilität und Anpassungsbereitschaft und nicht nur das Festhalten am Status quo verlangt. Es steht zu befürchten, dass es alternden Gesellschaften wie Deutschland, Italien oder Japan schwerer fällt, die nötige Flexibilität aufzubringen als vergleichsweise langsamer alternden Gesellschaften wie den Vereinigten Staaten von Amerika.

Illusionen sind besonders gefährlich, wenn ihnen die politische Führung oder die Mehrheit der Wählerschaft anhängt. Dazwischen besteht in Demokratien ja auch ein Zusammenhang. Illusionen beruhen auf Fehlurteilen und führen zu Fehlentscheidungen.

Den Ausgangspunkt der folgenden Untersuchungen bildet eine Analyse des Menschenbildes in den Sozialwissenschaften, daraus ergeben sich bereits grundlegende ordnungspolitische Empfehlungen. Diese laufen auf eine Begrenzung der Staatstätigkeit und die Warnung vor einer Überlastung der Politik hinaus.

Im zweiten Kapitel wird gezeigt, dass Wettbewerbsmärkte allein nicht alle wirtschaftlichen Probleme lösen, dass Organisationen, Hierarchien und Unternehmen notwendig sind. Dort sind Kontroll- und Motivationsprobleme zu lösen. Dem Wettbewerb unterworfene Unternehmen schaffen das besser als Staat und Politik.

Im dritten Kapitel geht es um den institutionellen Rahmen einer blühenden Wirtschaft, um Arbeitsanreize, um persönliche Freiheit als produktive Ressource und als Voraussetzung für Wissensnutzung und Innovation. Zur Freiheit gehört auch, dass jeder für die Folgen seines Tuns oder Unterlassens zur Verantwortung gezogen wird. Gerade der so genannte Sozialstaat wird leicht zur Gefahr für das Verantwortungsbewusstsein der Menschen.

Eine Wettbewerbswirtschaft löst zwar „spontan" viele Probleme, vermittelt aber – wie im vierten Kapitel aufgezeigt wird – auch Anreize, dem Wettbewerb zu entfliehen, die Preise zu verzerren und die Politiker zu Handlangern von Interessengruppen zu machen.

Im fünften Kapitel werden vermeidbare und unvermeidbare Schäden politischen Handelns ebenso analysiert wie die politischen Voraussetzungen einer freien Wettbewerbswirtschaft. Dabei werden dem Wettbewerb zwischen Staaten oder politischen Einheiten bessere Ergebnisse als dem Wettbewerb zwischen Parteien zugeschrieben, denn die egalitären Verteilungskonsequenzen des parteipolitischen Wettbewerbs bleiben fragwürdig, während die negativen Auswirkungen dieses Wettbewerbs auf Wachstum und Wohlstand deutlich sichtbar werden.

Im sechsten Kapitel werden die Folgen der Globalisierung für Konsumenten und Produzenten im wohlhabenden Norden und im armen Süden analysiert. Weil die Globalisierungsdebatte in Deutschland die sicherheitspolitischen Aspekte zu sehr vernachlässigt, werden diese besonders ausführlich besprochen.

Das abschließende siebte Kapitel stellt die ordnungspolitischen Konsequenzen der vorhergehenden Analyse heraus. Es wird gezeigt, wie Wettbewerb auch in der Politik so gestaltet werden kann, dass Politiker und Politik nicht mehr vorwiegend Gruppeninteressen dienen wie bisher, sondern den gemeinsamen Interessen der Bürger und Steuerzahler dienen müssen.

1. Mensch und Gesellschaft

1.1 Mensch und Markt

Jede Theorie über das menschliche Zusammenleben, über Wirtschafts- und Gesellschaftsordnung, muss von einem Menschenbild ausgehen. Dieses Menschenbild kann nur – mit *Max Weber* gesprochen – ein Idealtypus oder eine vereinfachende Konstruktion sein. In den Wirtschaftswissenschaften dominiert die Konstruktion des homo oeconomicus, des rationalen Eigennutzmaximierers, der in seiner Eigenschaft als Unternehmer dann zum Profitmaximierer wird. Zu diesem Menschenbild ist anzumerken, dass es eine große Ähnlichkeit mit dem Menschenbild der Nutzen-, Werterwartungs- oder Verhaltenstheorie besitzt[1] und dass es durch die experimentelle Forschung[2] inzwischen schon widerlegt worden ist. Müssen Menschen zwischen nützlichen Handlungsoptionen wählen, verhalten sie sich wegen ihrer Risikoscheu anders, als ein homo oeconomicus es täte. Bei der Wahl zwischen Handlungsoptionen mit negativen Nutzenfolgen weichen sie in der Hoffnung auf Vermeidung irgendeines Verlustes durch Risikoakzeptanz vom Maximierungsversuch ab. Außerdem beeinflusst die Darbietung („framing") der Verhaltensoptionen und nicht nur der mit ihnen verbundene Nutzen die Entscheidungen, wie es beim homo oeconomicus eigentlich sein sollte. Merkwürdigerweise bewerten wir auch den eigenen Besitz, gerade weil er der eigene Besitz ist bzw. nachdem er der eigene Besitz geworden ist, zu hoch bzw. höher, als wir es vor dem Erwerb getan haben.

Neben den individuellen Abweichungen vom Kalkül der Nutzenmaximierung ist das institutionelle Umfeld des Handelns entscheidend für das Verhalten der Menschen. So zwingen

---

[1] Vgl. Homans (1972) und sekundär: Weede (1992, 9. Kapitel).
[2] Vgl. Kahneman and Tversky (1979, 1984); Rabin and Thaler (2001); sekundär: Weede (1992, 10. Kapitel).

Wettbewerbsmärkte die Akteure zur Rationalität[3]. Wer beispielsweise ohne Rücksicht auf Kosten oder Erträge wirtschaftet, geht unter. Der Wohlfahrtsstaat kann – im Gegensatz zum Wettbewerbsmarkt – Abweichungen von einer effizienten Ziel-Mittel-Zuordnung nur verstärken, weil er Erfolg mit Steuern und anderen Abgaben belastet, Misserfolg aber durch Transferzahlungen und Subventionen belohnt. Außerdem neigen Politiker und Bürokraten, die mit dem Geld anderer Leute wirtschaften, besonders zur Vernachlässigung von Opportunitätskosten, das heißt, sie berücksichtigen nicht die Knappheit der Mittel[4]. Mittel, die für eine Maßnahme verwendet werden, stehen für andere, vielleicht auch wünschbare Maßnahmen nicht mehr zur Verfügung. Ohne Berücksichtigung der Folgen alternativer Handlungsoptionen, Ressourceneinsätze und daraus resultierender Erträge ist eine rationale Entscheidung nicht möglich.

Nach *Poppers* Methodologie sollte das Aufzeigen von Fehlern in Theorien zu deren Verwerfung führen.[5] Dennoch weigern sich nicht nur die meisten Ökonomen, vom Menschenbild des homo oeconomicus abzugehen. Stattdessen breitet sich dieses Menschenbild mit den Denkschulen rational choice und public choice in geradezu imperialistischer Weise auch in den Nachbardisziplinen Soziologie und Politikwissenschaft aus.[6] Das kann man nur nachvollziehen, wenn man über *Popper* hinausgeht und mit *Kuhn*[7] und *Lakatos*[8] die Allgegenwart von Ausnahmen, ungeklärten oder unerklärbaren Erscheinungen und Gegenbeispielen zu theoretisch begründeten Erwartungen unterstellt. Damit hat der Wissenschaftler nicht mehr die Wahl zwischen Theorien, die sich bereits als falsch erwiesen haben, und solchen, die noch

---

3   Vgl. Alchian (1950).
4   Vgl. Frey and Eichenberger (1991); Seldon (1998–2002, S. 81).
5   Vgl. Popper (1934/1969).
6   Vgl. Radnitzky and Bernholz (1987).
7   Vgl. Kuhn (1976).
8   Vgl. Lakatos (1974).

nicht widerlegt sind, sondern zwischen Theorien, die mehr oder weniger gut zur Realität passen. Anders ausgedrückt: Er hat die Wahl zwischen größeren und kleineren theoretischen Übeln. In derartigen Entscheidungssituationen kann eine Theorie dann nur noch durch eine bessere Theorie und nicht etwa durch gar keine Theorie ersetzt werden, wie manche Politiker zu glauben scheinen. In solchen Fällen ist konstruktive statt destruktiver Kritik an Theorien erforderlich. Die Stärke des ökonomischen Menschenbildes resultiert nicht daraus, dass es alles erklären kann, sondern aus der Schwäche aller bisher vorgeschlagenen Alternativen.

Die Unzufriedenheit mit dem Menschenbild des homo oeconomicus hat immer wieder zu Veränderungsvorschlägen geführt – von *Simons*[9] Vorstellung begrenzter Rationalität oder dem Prinzip der Suche nach einer bloß befriedigenden statt optimalen Handlungsweise bis hin zu *Vanbergs*[10] programmbasiertem Verhalten. Gemeinsam ist diesen Ansätzen für die Entwicklung eines modifizierten Menschenbildes, dass die Grenzen der kognitiven Leistungsfähigkeit von Menschen hervorgehoben werden, womit mehr Platz für Gewohnheiten und Traditionen als Motor menschlichen Handelns geschaffen wird.

Der Rationalitätsbegriff in den Sozialwissenschaften muss auf jeden Fall von unrealistischen Vorstellungen befreit werden. Rationalität kann sicher nicht bedeuten, dass Menschen immer alle vorhandenen Handlungsmöglichkeiten, deren Nutzenfolgen und die Wahrscheinlichkeit ihres Eintretens realistisch, gar fehlerfrei einschätzen. Stattdessen kann man mit *McKenzie* und *Tullock*[11] den Versuch der Nutzenmaximierung, also die Wahl der vermutlich vorteilhaftesten oder profitabelsten Handlungsmöglichkeiten, als Rationalität auffassen. Der rationale Akteur oder Nutzenmaximierer gerät dann eher in die Nähe des Nimmersatts

---

9 Vgl. Simon (1982).
10 Vgl. Vanberg (2002a).
11 Vgl. McKenzie and Tullock (1978, S. 9).

und entfernt sich gebührend von einer perfekt informierten und fehlerfrei arbeitenden Kalkulationsmaschine.

Ohne den Anspruch auf eine grundsätzliche Revision des Menschenbilds des homo oeconomicus erheben zu wollen, will ich nicht die oft erfolglosen und manchmal halbherzigen Maximierungsversuche von Akteuren in den Mittelpunkt des Menschenbildes stellen, sondern die vor allem von *Popper*[12] und *Albert*[13] betonte Fehlbarkeit menschlicher Vernunft bzw. die von *Hayek*[14] hervorgehobenen engen Grenzen des menschlichen Wissens. Wenn Menschen – Hochintelligente, Amtsinhaber, Experten aller Art ausdrücklich eingeschlossen – sich irren können, dann ist das bedeutsamste Unterscheidungsmerkmal von Institutionen und Gesellschaftsordnungen der Umgang mit dem allgegenwärtigen Irrtum. Dann zeigt sich die Stärke von Institutionen, Wirtschafts- und Gesellschaftsordnungen vor allem in der Fähigkeit, Irrtümer zu korrigieren. Offenheit, die Chance zur permanenten Suche nach Verbesserungsmöglichkeiten, wird zum entscheidenden Qualitätsmerkmal von Gesellschaften.[15]

Wenn die Anfälligkeit für den Irrtum ein allgemein menschliches Merkmal ist und die Fehlerkorrektur somit zum entscheidenden gesellschaftlichen Erfordernis wird, dann folgt daraus die Überlegenheit von Gesellschaften, in denen viele Akteure voneinander unabhängig entscheiden. Wenn beispielsweise der eine Anbieter die Nachfrage unterschätzt, der andere sie überschätzt, beeinträchtigen beide Fehleinschätzungen kaum die Konsumchancen der Nachfrager. Mit steigender Zahl unabhängig entscheidender Anbieter verbessern sich die Chancen für den Fehlerausgleich kontinuierlich. Viele kleine Fehler sind grundsätzlich leichter korrigierbar als wenige große, besonders wenn die großen Fehler von Machthabern begangen werden.

---

12 Vgl. Popper (1934/1969).
13 Vgl. Hans Albert (1988).
14 Vgl. von Hayek (1945, 1971).
15 Vgl. Schwarz (2001a).

Deren Hauptmerkmal besteht ja nach *Deutsch*[16] gerade darin, dass sie sich gegen die Zumutung, dazulernen zu müssen, wehren können. Die Chance von Gesellschaften, mit dem Irrtum zu leben, ihn zu korrigieren und zu überwinden, beruht auf dezentralen, voneinander unabhängigen Entscheidungen. Weil jede Ausweitung der Staatstätigkeit den Zentralisierungsgrad der Gesellschaft erhöhen muss, trägt sie notwendigerweise zur zunehmenden Gefährdung der Menschen durch breitenwirksame Fehlentscheidungen bei. Die demokratische Legitimation zentraler Entscheidungen, selbst die praktisch nie erreichbare Zustimmung aller, würde zur Lösung des Problems, mit fehlerhaften Entscheidungen umgehen zu müssen, gar nichts beitragen – im Gegenteil: Die Zustimmung aller zu bestimmten Entscheidungen könnte nur zur Verfestigung von Irrtümern beitragen und jede Hoffnung auf Fehlerkorrektur vollends zunichte machen.

Das Menschenbild einerseits und das ordnungstheoretische Denken andererseits hängen eng miteinander zusammen. Je weniger man die Rationalität der Menschen übertreibt, je weniger man Menschen häufigen Erfolg bei ihren Maximierungsversuchen zutraut, desto weniger kann wirtschaftstheoretisches Denken die Zuweisung knapper Ressourcen zwecks Nutzenmaximierung zum Ausgangspunkt nehmen. Stattdessen sollte man mit dem Nobelpreisträger *Buchanan*[17] den Tausch, der bei Freiwilligkeit der Besserstellung aller Beteiligten dient, zum Ausgangspunkt des ökonomischen Denkens und der Wissenschaft vom menschlichen Zusammenleben überhaupt machen. Die Effizienz des Tausches, die beiderseitige Besserstellung, resultiert aus der Freiwilligkeit. Ineffizienz ist dann die Folge von Zwang. Bei dieser Perspektive gerät der Staat als Inhaber eines „Monopol(s) legitimer physischer Gewaltsamkeit"[18] automatisch in die

---

16 Vgl. Deutsch (1963, S. 247).
17 Vgl. Buchanan (1999, S. 35).
18 Vgl. Weber (1922/1964, S. 1043).

Nähe der Ineffizienz, vor allem dort, wo er wechselseitig vorteilhafte Tauschgeschäfte unter Akteuren behindert oder verbietet.

Der Tausch auf dem Markt erlaubt die Koordination des menschlichen Handelns bei einem Minimum an Konsens und Zwang. Nur die betroffenen Tauschpartner müssen zustimmen. Solange der Tausch nicht die berechtigten Interessen Dritter berührt, dürfen und sollen Dritte nicht befragt werden.[19] Eine Ausweitung von Zustimmungserfordernissen bzw. die Zuweisung von Mitbestimmungsrechten an Dritte würde die Selbstbestimmungsrechte der Tauschpartner beeinträchtigen, die Transaktionskosten erhöhen und zur Verhinderung beiderseitig vorteilhafter Tauschgeschäfte beitragen.

Wo es keine Marktzugangsschranken gibt, herrscht zumindest potenzieller Wettbewerb, der in abgeschwächter Form ähnlich positive Effekte wie Wettbewerb selbst hat.[20] Wettbewerb auf Märkten zwingt die Anbieter zur stetigen Verbesserung der Produkte und zur Senkung ihrer Kosten. Denn teure und schlechte Ware wird keinen Abnehmer finden. Weil Wettbewerbsmärkte eine Einrichtung zur besseren Versorgung der Konsumenten sind und in diesem Sinne an sich und vor jeder Umverteilung „sozial" sind, liegt eine Ordnung im allgemeinen Interesse, die Wettbewerbsmärkten möglichst breiten Spielraum gibt.

Der Tausch setzt natürlich voraus, dass es etwas zu tauschen gibt, dass die Menschen etwas produziert haben, das sie tauschen können und wollen. Da die Produktionsmöglichkeiten, Fähigkeiten und Erfahrungen der Menschen sich unterscheiden, was zu komparativen Kostenvor- und Nachteilen führt, sind Arbeitsteilung und Tausch, also gegenseitige Abhängigkeit spezialisierter Produzenten, vorteilhaft. Die gegenseitige Abhängigkeit der

---

19 Pekuniäre Interessen gelten hier nicht als „berechtigte Interessen" Dritter, denn sonst könnte jeder teure und schlechte Konkurrent Einspruch gegen die Tauschgeschäfte anderer erheben. Lärmbelästigung oder Umweltverschmutzung dagegen wäre eine Beeinträchtigung der „berechtigten Interessen" Dritter.

20 Vgl. Schumpeter (1950, S. 140).

Tauschpartner voneinander zwingt die Teilnehmer freier Märkte zur gegenseitigen Rücksichtnahme. Schon *Adam Smith* hatte Folgendes erkannt[21]:

„Dagegen ist der Mensch fast immer auf Hilfe angewiesen, wobei er jedoch kaum erwarten kann, dass er sie allein durch das Wohlwollen der Mitmenschen erhalten wird. Er wird sein Ziel wahrscheinlich viel eher erreichen, wenn er deren Eigenliebe zu seinen Gunsten zu nutzen versteht, indem er ihnen zeigt, dass es in ihrem eigenen Interesse liegt, das für ihn zu tun, was er von ihnen wünscht. Jeder, der einem anderen irgendeinen Tausch anbietet, schlägt vor: Gib mir, was ich wünsche, und du bekommst, was du benötigst."

Die „unsichtbare Hand" zwingt auf dem freien Markt auch den Egoisten dazu, sich so zu verhalten, als ob er ein Altruist und am Wohlergehen seiner Kunden interessiert wäre. Wer auf einem freien Markt Güter und Dienstleistungen anbietet, deren Erstellung zwar der Selbstverwirklichung des Produzenten dient, an denen sonst aber niemand interessiert ist, der wird keine Abnehmer finden und nichts verdienen. Wer genau die Güter und Dienstleistungen anbietet, die von vielen nachgefragt und von wenigen angeboten werden, die also dem Wohlbefinden der Mitmenschen dienen, der wird hohe Preise erzielen können. Der Egoist wird sich auf einem freien Wettbewerbsmarkt so verhalten müssen, als ob ihm das Wohlergehen der anderen, nämlich seiner Kunden, am Herzen läge. Eine freie Marktwirtschaft ist deshalb eine gute Ordnung, weil sie auch dann gut funktioniert, wenn wir nur Menschen und keine Heiligen sind.

Bisher wurde unterstellt, dass wir Menschen nur Eigennutzmaximierer sind. Es ist aber durchaus denkbar, dass wir oder zumindest einige von uns zumindest manchmal moralisch noch unter dem Egoisten oder Eigennutzmaximierer stehen. Der empfindet ja weder Neid noch Schadenfreude. Einem Eigennutzmaximierer ist der Mitmensch nur egal. Der Neider oder

---

21 Vgl. Smith (1776/1990, S. 17).

Missgünstige dagegen leidet unter dem Wohlergehen seiner Mitmenschen. Er genießt deren Elend. Auf einem freien Markt hat der Neider keine Chance. Wer potenziellen Kunden Güter und Dienstleistungen anbietet, die deren Wohlbefinden herabsetzen, wird nicht viele und schon gar keine Stammkunden finden. Der Unternehmer, der aus Elend und Unzufriedenheit seiner Mitarbeiter Lustgewinn zieht, wird auf einem freien Arbeitsmarkt niemanden finden, der für ihn arbeitet. Der neidische bzw. missgünstige Produzent und Unternehmer dieses Gedankenexperiments wird sich besser verhalten müssen als er ist. Der freie Markt neutralisiert nicht nur den Egoismus der Marktteilnehmer, sondern er verbietet ihnen auch, etwa vorhandene Neidgefühle und Missgunst auszuleben.

1.2 Macht und Herrschaft

Man kann auch die Entstehung von Macht und Herrschaft tauschtheoretisch erklären[22] und sogar in der Politik das Wirken eines Äquivalents zu *Smith*' unsichtbarer Hand erkennen.[23] Ausgangspunkt ist dabei der so genannte asymmetrische Tausch, bei dem einer zu Gunsten eines anderen Leistungen erbringt, jener sich aber nicht revanchieren kann. Wenn der schwächere Tauschpartner nicht auf die Leistungen verzichten kann oder will, wenn er seine Bezugsquelle nicht wechseln kann, dann wird er abhängig und muss den fortdauernden Bezug von Gütern und Leistungen durch Unterordnung oder Folgsamkeit sicherstellen. Bei diesem sog. primären Tausch werden Leistungen für Unterordnung erbracht. Derartige Machtunterschiede zwischen ungleich leistungsfähigen Menschen sind allerdings noch nicht stabil. Dafür ist es notwendig, dass die Menschen in der schwächeren Position sich auch unterordnen wollen, das heißt, die Ausübung von Macht muss als legitim anerkannt werden. Aus

---

22 Vgl. Blau (1964).
23 Vgl. Olson (2000).

bloßer Macht wird dann Autorität oder Herrschaft. Der Entstehung von Herrschaft liegt ein sekundärer Tausch zugrunde, bei dem der Machthaber Fairness bzw. Nichtüberforderung der Gefolgschaft gegen deren Zustimmung tauscht. Damit Herrschaft oder Autorität dauerhaft sozial verankert werden, muss man allerdings über die Zweierbeziehung zwischen einem Machthaber und einer sich unterordnenden Person hinausgehen. Wenn mehrere Gefolgsleute einem fairen Machthaber unterstehen und folgen wollen, dann wird ein tertiärer Tausch unter den Gefolgsleuten möglich, bei dem jeder Gefolgsmann Unterordnung unter den Machthaber gegen soziale Anerkennung von Seinesgleichen tauscht. Denn wer als Einzelner die Autorität eines fairen Machthabers nicht akzeptieren will, trägt Unfrieden in die Gruppe, deren andere Mitglieder die vorhandenen Tauschbeziehungen befriedigend finden. Das wird sanktioniert.

Diese theoretische Konstruktion erweckt den Eindruck, als ob die vertikale Differenzierung in Gesellschaften zwischen mehr oder weniger Mächtigen ähnlich wie die Arbeitsteilung im Interesse aller Beteiligten läge oder zumindest bei der Entstehung von Macht und Herrschaft ohne Zwangsausübung liegen könnte. Denn zwecks Absicherung der eigenen Macht wird dieser ja im eigenen Interesse fair sein, auf die Bedürfnisse der Gefolgschaft Rücksicht nehmen und diese nicht überfordern.

Trotz eines anderen Ausgangspunktes kommt *Olson* zu ähnlichen Schlussfolgerungen. Seine Analyse der Macht beginnt mit einem Gedankenexperiment, in welchem Eigennutzmaximierer solange stehlen, wie diese Tätigkeit rentabler als Produktion oder Handel ist. Erst der sesshafte Bandit, der in einem abgegrenzten Territorium ein Diebstahlsmonopol durchgesetzt hat, erwirbt damit auch ein umfassendes Interesse am Wohlergehen seiner Gesellschaft: Je mehr die produktiv Tätigen erwirtschaften, desto mehr Abgabenbelastung können sie tragen. Nach *Olson*[24] besteht für den sesshaften Banditen oder Fürsten ein An-

---

2 Vgl. Olson (2000, S. 9–11).

reiz, zum Wohltäter derer zu werden, die er beraubt. Im eigenen Interesse wird er die Abgabenlast beschränken, um Produktionsanreize zu vermitteln. *Olson* hebt hervor, dass sogar eine autokratische Regierung, deren Interessen aus dem Diebstahlsmonopol resultieren, schon eine Voraussetzung für mehr Produktion schafft. Während *Adam Smith*' unsichtbare Hand bei freiwilligen Markttransaktionen auch Eigennutzmaximierer dazu zwingt, dem Wohlergehen ihrer Mitmenschen und Kunden zu dienen, zwingt *Olsons* unsichtbare Hand auch Autokraten zu einer gewissen Rücksichtnahme auf die Beherrschten.

Dass Staatenbildung auf einer Niederlage der Produzenten beruht[25], ändert nichts daran, dass auch ein Besteuerungs- oder Diebstahlsmonopol der herrschenden Klasse oder eines herrschenden Banditen ein öffentliches Gut darstellt. Es ist „öffentlich", weil jeder Untertan davon betroffen ist. Es ist ein „Gut", weil ein Monopolist weniger stiehlt, als bei anarchischem Diebstahl gestohlen würde. Deshalb ist Staatenbildung durchaus produktiv. Indem der Staat Recht und Ordnung setzt, indem er Räume pazifiziert, erleichtert er eine großräumigere Arbeitsteilung und trägt zu sinkenden Transaktionskosten bei. Wo Recht und Ordnung herrschen, da kann man in Ruhe Tauschpartner suchen, Tauschbedingungen oder Preise aushandeln und sich auf die staatliche Durchsetzung der freiwillig eingegangenen Verträge verlassen.

Allerdings sollte man aber die Parallele zwischen Markt und autokratischem Staat bei der Bändigung des Eigennutzes nicht überbetonen. Denn der Markt zwingt den Eigennutzmaximierer oder sogar den Neider, sich so zu verhalten, als ob er seinen Mitmenschen nutzen möchte. Der Staat zwingt den oder die Machthaber nur, die unangenehmen Nebenwirkungen einer Ausplünderung der Untertanen, nämlich Beeinträchtigung der Arbeitsanreize und Legitimitätsverlust, zu begrenzen. Solange eine Erhöhung der Abgabenlast die Summe der eingetriebenen

---

25 Vgl. de Jasay (1985, S. 15).

Abgaben nicht verringert, hindert den eigennützigen Machthaber nichts an einer erhöhten Belastung seiner Untertanen. Solange Machthaber in den Augen ihres Herrschaftsstabes, vor allem der bewaffneten Gewalt, „legitim" sind, gibt es keinen eigennützigen Grund zur Rücksichtnahme auf die Masse der Untertanen.

Idealtypische Ansätze zur Begründung des Verhaltens wohlwollender Regierungen leiden daran, dass sie die beobachtete Wirklichkeit nicht erklären können, beispielsweise warum die meisten Regierungen von Hochkulturen nicht die Voraussetzungen für die Überwindung der Massenarmut geschaffen haben. Auf dieses Thema wird weiter unten, im dritten Kapitel, noch eingegangen. Außerdem können diese Erklärungsskizzen nicht ohne weiteres verständlich machen, warum (vor allem kommunistische und nationalsozialistische) Regierungen im 20. Jahrhundert circa 150 Millionen Menschen umgebracht haben, teils durch Inkompetenz und daraus resultierende Hungersnöte, teils durch Mordkampagnen. Jedenfalls haben Regierungen noch mehr Menschenleben vernichtet als die Kämpfe und Kriege des 20. Jahrhunderts, zu denen zumindest manche Regierungen ja auch beigetragen haben müssen.[26]

In der Demokratie, das heißt bei Mehrheitsherrschaft, bessert sich die Lage der meisten Menschen. Wird der Autokrat durch eine herrschende Mehrheit ersetzt, wird diese wie der Autokrat im eigenen Interesse auf eine Steigerung der Abgabenquote verzichten, wenn das über die Beeinträchtigung der Produktionsanreize den gesamten Abgabenertrag verringert. Für eine herrschende Mehrheit gibt es aber noch eine zusätzliche Belastungs- und Umverteilungsgrenze. Denn die herrschende Mehrheit wird nicht nur Einkommen aus Abgabenerträgen erzielen wie ein Autokrat, sondern zusätzlich auch noch Markteinkommen. Die Beeinträchtigung der Markteinkommen durch eine allzu hohe Abgabenlast führt dazu, dass die optimale Abga-

---

26 Vgl. Rummel (1994).

benquote für eine Mehrheit niedriger ist als für einen Autokraten.[27] Dieses Argument setzt allerdings voraus, dass die Mehrheit diesen Zusammenhang durchschaut und nicht etwa hofft, zu Lasten anderer besser leben zu können. Die Mehrheitsherrschaft verfügt allerdings über keinen eingebauten Schutzmechanismus gegen Diskriminierung und Ausbeutung von Minderheiten – im Gegensatz zum Markt.

Dass der Markt nur die Zustimmung der gerade betroffenen Tauschpartner benötigt, ist vor allem für Minderheiten wertvoll, die von politischer Macht ausgeschlossen sind und im politischen Leben oft diskriminiert werden.[28] Obwohl der Markt ihre Tätigkeit immer besser als die Politik bewertet hat, sind weder Europas Juden, noch Ostafrikas Inder, Westafrikas Libanesen oder Südostasiens Chinesen vor Enteignungen, Vertreibungen, Pogromen und Massenmord je sicher gewesen. Politisch einflusslose Minderheiten – egal ob sie rassisch, ethno-linguistisch, religiös oder durch Stammeszugehörigkeit definiert werden – brauchen den Markt, der im Gegensatz zur Politik dem Täter, dem Diskriminierenden, statt dem Opfer, dem Diskriminierten, die Kosten der Diskriminierung auferlegt. Wer etwa gute und preiswerte Arbeitskräfte wegen der „falschen" Rasse, Religion oder Sprache zu Gunsten schlechterer Arbeitskräfte mit Merkmalen zurückweist, die besser zu den eigenen Vorurteilen passen, der trägt den Schaden, wird als Unternehmer und Arbeitgeber Wettbewerbsnachteile hinnehmen müssen. Weil Vorurteile Unternehmer, allgemeiner: Marktteilnehmer[29], etwas kosten, besteht eine gewisse Hoffnung auf die Überwindung von Vorurteilen. Wenn politische Maßnahmen die Freiheit bestimmter Gruppen von Menschen beschränken, dann leiden darunter

---

27 Vgl. Olson (2000, S. 17).

28 Vgl. Sowell (1983).

29 Das gilt auch für Konsumenten. Wer auf einer bestimmten ethischen Zugehörigkeit, Rasse oder Religion von Geschäftsinhabern oder Verkäufern besteht, schränkt seine Wahlmöglichkeiten ein und muss deshalb manchmal mehr als anderswo bezahlen.

nicht die Politiker, sonder „nur" ihre Opfer. Die Politiker haben deshalb auch keinen Anreiz, sich zu bessern.[30]

Man kann im Markt und in Organisationen im Allgemeinen bzw. dem Staat im Besonderen unterschiedliche Möglichkeiten der Koordination menschlichen Handelns sehen.[31] Der Markt und die dezentrale Wettbewerbswirtschaft haben dabei gegenüber dem Staat als zentralisierter Instanz den Vorteil, kleinere, leichter korrigierbare und sich eventuell auch einmal gegenseitig neutralisierende Fehler zu machen.[32] Wettbewerbsmärkte reduzieren im Vergleich zur Politik auch das Übel der Diskriminierung; sie neutralisieren Egoismus und Neid in einem stärkeren Maß als die Politik das kann.

Ein staatlicher Rahmen bleibt dennoch unverzichtbar. Dabei muss es darum gehen, die Summe von zwei Risiken der Fehlentscheidung zu minimieren.[33] Einerseits sollten die Chancen, durch gemeinsames und koordiniertes Handeln Vorteile für alle zu erzielen, möglichst weitgehend verwirklicht werden. Verzicht

---

30 Dagegen kann man einwenden, dass deutsche Politiker sich mit dem Ende des Dritten Reiches und der Etablierung der Bonner Republik sehr gebessert haben, dass rassistische Überzeugungen aus der Politik verschwunden sind. Diese Besserung will ich nicht leugnen. Aber der Preis, der Zweite Weltkrieg mit seinen Begleiterscheinungen, ist entsetzlich hoch gewesen. Verglichen damit ist der Preis der Überwindung von Vorurteilen auf dem Markt lächerlich gering.

31 Vgl. Vanberg (1982).

32 Mit zunehmender Konzentration privatwirtschaftlicher Macht könnte dieser Vorteil der Marktwirtschaft reduziert werden. Zur Kritik privatwirtschaftlicher Machtzusammenballungen (z.B. durch Fusionen) vgl. Lenel (2000) oder Köster (2001). Nach James (2001, S. 202) neigen privatwirtschaftliche Machtkonzentrationen allerdings zur Instabilität. Von den 500 Großunternehmen auf der Fortune-Liste 1980 hatten innerhalb eines Jahrzehnts ca. ein Drittel ihre Selbständigkeit eingebüßt, von denen auf der 1990er Liste sogar 40 Prozent innerhalb von nur 5 Jahren.

33 Vgl. dazu Buchanan and Tullock (1962) oder kurz und prägnant Vanberg (2002b).

auf gemeinsames Handeln – etwa bei der Definition von Eigentumsrechten, der Durchsetzung freiwillig eingegangener Vereinbarungen, bei der Abwehr äußerer Feinde – kann ein Fehler sein. Ein zu schwacher Staat ist durchaus denkbar. Andererseits besteht die in dieser Schrift immer wieder zu analysierende Gefahr, dass die herrschenden Politiker Maßnahmen beschließen, die den Interessen eines Teils der Bürger geradezu widersprechen, dass der Staat sozusagen einen Teil seiner Bürger angreift bzw. ohne deren Zustimmung belastet. Die demokratische Mehrheitsherrschaft begrenzt höchstens den Anteil der potenziellen Opfer solchen staatlichen Handelns. Um das Risiko staatlichen Fehlverhaltens, das sich gegen einen Teil der Bürgerschaft wendet, zu verringern, können entweder qualifizierte Mehrheiten erforderlich sein oder die Bürger müssen sich mit der Abwanderungsdrohung gegen staatliche Übergriffe zur Wehr setzen können. Darauf werden wir im Kapitel 5.3 noch zurückkommen.

1.3 Demokratie und Konsens

In Anbetracht der fundamentalen Unterschiede zwischen Demokratien und anderen politischen Systemen erscheint es unangemessen, Markt und Politik einander gegenüberzustellen, ohne die besonderen Merkmale von Demokratien zu berücksichtigen. Zunächst einmal ist hervorzuheben, dass auch die Demokratie ein Herrschaftssystem ist, in dem einige Menschen über andere herrschen. *Schumpeter*, ein in die USA ausgewanderter österreichischer Ökonom, definiert Demokratie so[34]: „Die demokratische Methode ist diejenige Ordnung der Institutionen, bei welcher Einzelne die Entscheidungsbefugnis vermittels des Konkurrenzkampfes um die Stimmen des Volkes erwerben."

---

34   Vgl. Schumpeter (1950, S. 428).

Bei dem amerikanischen Soziologen und Politikwissenschaftler *Lipset*[35] ist Demokratie „ein politisches System, das regelmäßig verfassungsrechtliche Möglichkeiten für den Wechsel der Regierenden vorsieht" und „ein sozialer Mechanismus, der es dem größten Teil der Bevölkerung gestattet, durch die Wahl zwischen mehreren Bewerbern für ein politisches Amt auf wichtige Entscheidungen Einfluss zu nehmen". In beiden Definitionen wird zwar nur implizit, aber selbstverständlich vorausgesetzt, dass die Entscheidungen durch Mehrheitsbeschluss – also gegen den Willen von Minderheiten –, nicht etwa durch Einstimmigkeit erreicht werden. Nichts an der Mehrheitsdemokratie verhindert, dass die einen beschließen, die anderen zu belasten oder auch zu überlasten.

Wenn Tauschgeschäfte auf dem Markt auf der Zustimmung der Betroffenen oder Tauschpartner beruhen, dann folgt daraus, dass Tausch und Markt der Besserstellung aller Beteiligten dienen.[36] Oben wurde schon darauf hingewiesen, dass das für die Demokratie nicht gilt. Auf dem Markt können die Akteure außerdem die Intensität ihrer Präferenzen ausdrücken, in den real existierenden Demokratien gilt das nicht. Die Stimme dessen, dem das Resultat der Wahl fast egal ist, hat die gleiche Wirkung wie die Stimme dessen, der starke Präferenzen für ein bestimmtes Entscheidungsergebnis und eine entsprechend starke Abneigung gegen die Alternativen hat. Auf dem Markt drückt man die Intensität der eigenen Präferenzen durch ein höheres Preisangebot aus. Der Arbeitgeber, der einen hoch qualifizierten Mitarbeiter für sich gewinnen will, bietet ihm einfach einen höheren Lohn oder ein höheres Gehalt als andere Arbeitgeber. Er lässt sich seine Präferenz etwas kosten. Aber diese Präferenz kostet den Arbeitgeber nur dann etwas, wenn er den erwünschten Mitarbeiter tatsächlich für sich gewinnt. Eine auch nur annä-

---

35 Vgl. Lipset (1962, S. 33).

36 Genau genommen gilt das nur, wenn es keine negativen externen Effekte gibt.

hernd vergleichbare Möglichkeit, die Intensität politischer Präferenzen auszudrücken, gibt es bei Wahlen nicht. Zur Demokratie gehören also nicht nur Verlierer. Darüber hinaus ist denkbar, dass die von Verlierern oder Minderheiten empfundenen Verluste die bei den Abstimmungssiegern oder Mehrheiten anfallenden Gewinne übersteigen.

Demokratie muss in der Praxis noch nicht einmal Herrschaft bei Zustimmung einer Mehrheit der Beherrschten sein. Zwar sind in Deutschland Wahlbeteiligungen zwischen 70 und 80 Prozent normal, aber in älteren Demokratien wie den USA sind es häufig nur um die 50 Prozent. Dann hat die demokratisch gewählte Regierung bei einem knappen Wahlausgang nicht etwas über die Hälfte, sondern nur ein gutes Viertel der Stimmen der Bürger hinter sich. Wegen der höheren Wahlbeteiligung ist es bei uns etwas anders, aber die Effekte der Wahlbeteiligung und der Fünf-Prozent-Klausel[37] zusammen führen auch in Deutschland dazu, dass sich gewählte Regierungen häufig nicht auf eine Mehrheit der stimmberechtigten Bürger stützen können. Die Legitimation vieler demokratisch gewählter Regierungen ist also schwächer, als es auf den ersten Blick scheint.

Konsens oder Zustimmung gilt in Demokratien als etwas Gutes. Sozialpsychologische Experimente geben da reichlich Anlass zu Zweifeln.[38] Menschen neigen nämlich dazu, Konsens als Ersatz für ein Wahrheitskriterium zu nehmen. Das äußert sich etwa bei Experimenten in einem verdunkelten Raum, wo Versuchspersonen ein objektiv stillstehender Lichtpunkt gezeigt wird. Dennoch nehmen alle Versuchspersonen irgendwelche Bewegungen wahr, weil sie ihre Augenachsen nicht stillhalten können. Obwohl die Versuchsleiter bei derartigen Experimenten keine Belohnungen für Konsens vergeben, neigen die Ver-

---

37 Danach entsenden Parteien, die weniger als 5 Prozent der gültigen Stimmen (oder weniger als drei Direktmandate) erreichen, keine Abgeordneten in den Bundestag.

38 Vgl. die Zusammenfassungen bei Hofstätter (1971) und Weede (1992, 2. Kapitel).

suchspersonen in der Gruppe immer dazu, sich auf irgendeine falsche „Beobachtung" zu einigen. Der Gruppenkonsens wird meist auch in danach folgenden Einzelexperimenten beibehalten. Diese menschliche Neigung, aus der Übereinstimmung mit anderen auf die Richtigkeit einer Auffassung zu schließen, ist außerordentlich beunruhigend. Sobald Konsens erreicht ist, betrachten allzu viele Menschen Probleme als gelöst – auch wenn die gemeinsamen Antworten falsch sind, auch wenn der Konsens das Problem gerade erst schafft. Mein Beispiel kann vielleicht als belanglos abgetan werden, aber bei der Vorurteilsbildung läuft im Prinzip alles ähnlich ab. Wir einigen uns – oft ohne Rücksicht auf die Realität – darauf, Fremdgruppen irgendwelche negativen Merkmale zuzuschreiben und behandeln sie danach. Das ist dann nicht mehr belanglos. Wer schlecht behandelt wird, neigt dazu, auch andere entsprechend zu behandeln. Wirtschaftsnäher werden unsere Betrachtungen, wenn wir an unsere Neigung zum Konsens im Zusammenhang mit technischen und organisatorischen Innovationen denken. Offensichtlich ermöglicht nur individueller Freiraum und nicht die Verklärung des Konsenses Innovationsspielräume oder die Chance zur Überwindung von Irrtümern oder unwirtschaftlichen Produktionsweisen.

Die negativen Effekte der Suche nach Übereinstimmung treten auch in relativ kleinen Führungsgruppen auf, vor allem in solchen, die sich durch ein gutes Arbeitsklima und freundschaftliche Beziehungen unter ihren Mitgliedern auszeichnen. Empirische Studien an sicherheitspolitischen Eliten in Amerika haben gezeigt, dass das Bemühen um die Zustimmung der Kollegen Oberflächlichkeit, übertriebenen Optimismus, mangelnde Wachsamkeit und vereinfachte Vorstellungen über Stärke und Moral des Gegners begünstigt.[39] Wenn man bedenkt, dass die (militärische) Sicherheitspolitik der Politikbereich ist, in dem Fehlentscheidungen am schnellsten in die Katastrophe führen können, dann ist es ein recht beunruhigender Befund, dass

---

39 Vgl. Janis (1972).

„Gemeinschaftsgeist" und informeller Konformitätsdruck die menschliche Anfälligkeit für Fehler weiter steigern. Es ist nicht einzusehen, warum wirtschafts- und sozialpolitische Entscheidungsträger dafür weniger anfällig als Sicherheitspolitiker sein sollten.

Gruppeneffekte können nicht nur unsere intellektuelle Leistungsfähigkeit, sondern auch unsere Moral verändern, wie Experimente zum Hilfeverhalten zeigen.[40] Dabei hören die Versuchspersonen, wie eine Person im Nachbarraum auf einen Stuhl klettert, wie es kracht und schließlich, dass jemand stöhnt. Untersucht wird, ob die Versuchspersonen die Tür öffnen, nachsehen und eventuell ihre Hilfe anbieten. In Einzelversuchen zeigen etwa 70 Prozent der Menschen Hilfsbereitschaft. Die Anwesenheit anderer Personen verringert die Hilfsbereitschaft, vor allem wenn die anderen Fremde oder gar Komplizen des Untersuchungsleiters sind, die sich nicht aus der Ruhe bringen lassen. Sogar miteinander befreundete Personen sind zusammen höchstens so hilfsbereit wie ein Mensch allein – nur einer von beiden tut etwas. Was man in diesen Experimenten beobachtet, kann als gruppeninduziertes Abschieben von Verantwortung bezeichnet werden.

In Gruppen tritt intellektuelle Trägheit nicht nur deshalb massiv auf, weil Menschen allzu leicht unkritisch Konsens als Wahrheitskriterium missverstehen. Darüber hinaus vermitteln Großgruppen noch zusätzliche Anreize, träge und denkfaul zu werden. Die Mehrheitsentscheidungen von Großgruppen wie der deutschen Wählerschaft mit circa 60 Millionen Wahlberechtigten und ungefähr 50 Millionen Wählern kann man als öffentliche Güter auffassen.[41] Deren wichtigstes Merkmal ist die Nichtausschließbarkeit. Das heißt: Von „guten" oder „schlechten" Mehrheitsentscheidungen sind alle betroffen, unabhängig davon, ob sie zu der Entscheidung beigetragen haben oder nicht.

---

40 Vgl. Latané and Rodin (1969); Bierhoff (1987).
41 Vgl. Olson (1968).

Jeder Wähler sagt sich zu Recht: Ob ich nach gründlicher Überlegung vernünftig wähle oder nicht, das hat fast keinen Einfluss auf das Wahlergebnis. Es lohnt sich nicht, Informationskosten auf sich zu nehmen. Letztlich entscheiden ja immer zig Millionen andere über die Politik. Es ist für Eigennutzmaximierer geradezu rational, ignorant zu sein und zu bleiben. Wenn rationale Ignoranz in der Massendemokratie weit verbreitet ist, dann kann Politik kaum noch die Suche nach intelligenten Problemlösungen sein oder diese Suche auch nur zulassen, dann ist es selbstverständlich, dass wahlkämpfende Politiker die Wähler nicht mit den Kosten alternativer politischer Entscheidungen belasten wollen. Durchdachte Entscheidungen werden dann vor allem dort möglich, wo individuelle Freiheit und Verantwortung herrschen, wo Kollektiventscheidungen zurückgedrängt werden, wo deshalb Kosten-Nutzen-Kalküle zum Zug kommen.

Mit diesen konsenskritischen Ausführungen sollen nicht die Unterschiede zwischen Demokratien und anderen politischen Systemen verwischt werden. Denn die Demokratie behält einen ganz entscheidenden Vorzug: Nur sie erlaubt auf friedliche Weise und in regelmäßigen Abständen die Entlassung der bisherigen Machthaber und die Wahl neuer. Damit kann die Fortsetzung der Fehler alter Machthaber verhindert werden. Die Abwahl in der Demokratie ist als Fehlerkorrektur-Mechanismus damit dem Bankrott in der Wirtschaft vergleichbar, durch den etwa die andauernde Produktion von Dingen, die niemand will, unterbunden wird. Aus dem Vorzug der Demokratie gegenüber der Autokratie, nämlich dem eingebauten Korrekturmechanismus, folgt allerdings nicht, dass die bloße Existenz der Demokratie die Ausweitung der Staatstätigkeit wünschenswert macht. Verglichen mit individuellen, beispielsweise unternehmerischen, Entscheidungen leiden politische Entscheidungen ja immer unter der großen Gefahr, Konsens und Richtigkeit zu verwechseln, und unter den Folgen der rationalen Ignoranz der Öffentlichkeit in der Massendemokratie. Hinzu kommen die gleich zu diskutierenden Probleme zwischen Auftraggebern (oder Prinzipalen) und Auftragnehmern (oder Agenten). In der Demokratie ist letztlich das Volk der Auftraggeber von Politik und Verwaltung. Es wählt die Repräsentanten, die in seinem Auftrag Politik machen sollen und dazu die Unterstützung einer Bürokratie benötigen. Dabei gibt es vielfältige Überwachungs- und Kontrollprobleme.

2. Kontrolle und Wettbewerb

2.1 Die Unternehmen

Selbst in der Marktwirtschaft gibt es nicht nur tauschende Individuen, sondern produktionsorientierte Kollektive, die nicht nur durch interne Tauschprozesse, sondern teilweise auch durch hierarchische Organisation charakterisiert werden. Manche Arbeiten können von Individuen einfach nicht bewältigt werden, so dass eine Mehrzahl von Menschen zusammenarbeiten muss, wenn die Arbeit oder die Leistung erbracht werden soll. Das geht von der Bewegung schwerer Möbel beim Umzug bis hin zum Erbringen von Versicherungsleistungen. Um die gruppeninternen Entscheidungskosten zu begrenzen, erhalten in Unternehmen einzelne Personen Weisungsbefugnis, während andere dieser Weisungsbefugnis unterworfen werden oder sich ihr freiwillig unterstellen. Oben wird geplant, unten wird ausgeführt. Solange die Zusammenarbeit beiderseits freiwillig ist, also von oben und von unten jederzeit beendet werden kann, sind die Oberen gezwungen, sich am Wohlergehen der Unteren zu orientieren, müssen die weisungsgebundenen Auftragnehmer zur Vermeidung der Entlassung auch tatsächlich die zugewiesenen Aufgaben erfüllen. Wenn Arbeitsverträge zwischen Arbeitgeber und Arbeitnehmer beiderseits freiwillig eingegangen werden und einseitig beendet werden können, können sie genau wie jeder andere Tausch auf dem Markt der Besserstellung aller Beteiligten dienen.[42] Innerbetriebliche Planung wird allerdings fast immer mit dem Problem der „Drückebergerei" konfrontiert sein, weil sich das Ausführen von Weisungen nur selten zu vertretbaren Kosten perfekt überwachen lässt.

---

[42] Sobald der Staat den Arbeitnehmern Entlassungsschutz gewährt, ist das nicht unbedingt mehr gewährleistet. Unter welchen Bedingungen längerfristige Bindungen zwischen Arbeitgebern und Arbeitnehmern sinnvoll oder gar notwendig sind, wird bei Williamson (1990) analysiert. Hier kann ich nicht darauf eingehen.

Überall, wo die einen Aufträge vergeben und andere Aufträge übernehmen, entsteht ein Überwachungsproblem.[43] Die Beauftragten oder Arbeitnehmer erhalten nicht nur einen Auftrag, sondern sie behalten eigene Interessen, zum Beispiel das Interesse, Mühe und Arbeit den anderen zu überlassen. Auch die Freiwilligkeit der Unterstellung ändert an diesem Interessengegensatz grundsätzlich nichts. Innerbetriebliche Reibungsverluste durch Drückebergerei sind allgegenwärtig. Der Auftraggeber kann versuchen, die Tätigkeit der Beauftragten zu überwachen, Pflichterfüllung zu belohnen und Pflichtvergessenheit zu bestrafen. Das bedeutet erstens Überwachungskosten, zweitens in der Praxis auch Überwachungsfehler und damit aus der Sicht der Auftragnehmer oder Arbeitnehmer immer noch die Hoffnung, sich erfolgreich um Aufgaben herumdrücken zu können. Je größer die Gruppe bzw. die Zahl der Arbeitnehmer ist, desto mehr wird der oberste Auftraggeber sogar Überwachungsaufgaben delegieren müssen, womit sich die Gefahr einer sinkenden Arbeitsmoral weiter vergrößert, weil sie schon bei den beauftragten Überwachern auftritt.

Wenn die betriebsinterne Arbeitsteilung zwischen Arbeitgeber und Arbeitnehmer, zwischen Weisungsbefugten und Weisungsempfängern, für alle Beteiligten vorteilhaft sein soll, dann müssen nicht nur Weisungsempfänger, sondern auch die Weisungsbefugten kontrolliert werden. Weisungsempfangende Arbeitnehmer müssen ein Interesse an der Kontrolle ihrer Kollegen haben, sobald ihr Arbeitsertrag (Lohn) auch von deren Einsatz abhängt. Indirekt haben weisungsempfangende Arbeitnehmer deshalb ein Interesse daran, dass Vorgesetzte die Überwachungsfunktion tatsächlich wahrnehmen. Wo Vorgesetzte oder Arbeitgeber Drückebergerei dulden und deshalb die verteilbaren Arbeitserträge zurückgehen, müssen tüchtige Arbeitnehmer ein Abwanderungsinteresse entwickeln, welches der Vorgesetzte oder Arbeitgeber durch Wahrnehmung seiner Überwachungs-

---

43 Vgl. Coleman (1990, S. 146–174).

funktion neutralisieren kann und muss. Wo es ihn wirklich gibt, löst freiwilliger Tausch auf Wettbewerbsmärkten viele Probleme.

Wenn man das Überwachungsproblem mit der zentralen anthropologischen Voraussetzung dieser Schrift, nämlich der Fehlbarkeit des Menschen, kombiniert, dann resultiert daraus die Wünschbarkeit einer dezentralen oder Marktwirtschaft. Je schlechter ein Unternehmen das Überwachungsproblem löst, desto geringer wird in der Wettbewerbswirtschaft sein Marktanteil werden. In die Marktwirtschaft ist der Korrekturmechanismus schon eingebaut. In einer geplanten Wirtschaft dagegen besteht die Gefahr, dass wegen eines ungelösten Überwachungsproblems schlechte Unternehmensleistung mit der Zuweisung zusätzlicher Ressourcen belohnt wird.[44] Dann können – wie in einem Bonmot aus der Zeit des realen Sozialismus beschrieben – mehr und mehr Beschäftigte so tun, als ob sie arbeiten, weil die Obrigkeit auch nur so tut, als ob sie die Beschäftigten bezahle.

2.2 Staat und Politik

Auch bei strikter Freiwilligkeit ist allerdings mit Geschäften zu Lasten Dritter oder auch der Produktion öffentlicher Übel (beispielsweise Umweltverschmutzung) zu rechnen. Diese Probleme können im Gedankenexperiment durch die Schaffung einer übergeordneten Instanz mit Planungsbefugnis, zum Beispiel eines Staates, bewältigt werden. Zweifellos gibt es Marktversagen. Es ist sogar denkbar, das Ausmaß des Marktversagens durch Staatseingriffe zu verringern. Jedenfalls unter Soziologen und Politikwissenschaftlern neigt man dazu, dem Staat und seiner Bürokratie zielführendes Handeln zuzutrauen. Dieser Glaube an die Effizienz bürokratischer Herrschaft geht auf *Weber* zurück, der Folgendes dazu gesagt hat[45]: „Der entscheidende Grund für das Vordringen der bürokratischen Organisation war von je her

---

44 Vgl. Winiecki (1988).
45 Vgl. Weber (1922/1964, S. 716).

ihre rein technische Überlegenheit über jede andere Form. Ein voll entwickelter bürokratischer Mechanismus verhält sich zu diesen genau wie eine Maschine zu den nicht-mechanischen Arten der Gütererzeugung. Präzision, Schnelligkeit, Eindeutigkeit, Aktenkundigkeit, Diskretion, Einheitlichkeit, Kontinuierlichkeit, straffe Unterordnung, Ersparnisse an Reibungen, sachlichen und persönlichen Kosten sind bei streng bürokratischer, speziell: monokratischer Verwaltung durch geschulte Einzelbeamte gegenüber allen kollegialen oder ehren- und nebenamtlichen Formen auf das Optimum gesteigert."

Auffällig an diesem Zitat ist zweierlei. Erstens werden Beamte mit einer Maschine verglichen. Maschinen haben keine eigenen Interessen, die von denen des Auftraggebers abweichen können – Beamte vielleicht doch. Zweitens wird an dieser Stelle das unterstellte Optimum noch durch den Vergleich mit historisch vorangehenden oder traditionalen Herrschaftsformen relativiert. Diese Relativierung entfällt an anderer Stelle. Dort heißt es[46]: „Vor allem aber bietet die Bürokratisierung das Optimum an Möglichkeit für die Durchführung des Prinzips der Arbeitszerlegung in der Verwaltung nach rein sachlichen Gesichtspunkten, unter Verteilung der einzelnen Arbeiten auf spezialistisch abgerichtete und in fortwährender Übung immer weiter sich einschulende Funktionäre. ‚Sachliche' Erledigung bedeutet in diesem Falle in erster Linie Erledigung ‚ohne Ansehen der Person' nach berechenbaren Regeln."

Was bei *Weber* und einigen anderen Bewunderern von Bürokratie und Staatstätigkeit ausgeklammert wird, ist ein Problem, das aus ökonomischer Perspektive besonderes Gewicht hat, nämlich die Möglichkeit, dass es Interessenunterschiede zwischen den Beamten und ihrem Dienstherren gibt. Es stellt sich die Frage nach den Handlungsanreizen und der Handlungskontrolle. Auch wenn der Beamte im doppelten Sinne des Wortes „kompetent" ist, also fachkundig und zuständig, schließt das An-

---

46 Vgl. Weber (1922/1964, S. 717).

reize zur Drückebergerei nicht aus. Dem Polizisten kann die Überwältigung bewaffneter Bankräuber dienstlich zugemutet werden. Dennoch behält er in der Regel ein persönliches Interesse daran, den Dienst zu überleben. Im dienstlichen Interesse muss er Risiken eingehen, im privaten sollte er sie vermeiden – auch wenn die Bankräuber dabei entkommen. Der Interessenkonflikt ist hier offensichtlich. Dasselbe gilt auch bei harmloseren Verwaltungsaufgaben, bei denen die zugemutete Pflichterfüllung beispielsweise von dem persönlichen Bedürfnis beeinträchtigt werden kann, lieber mit den Kollegen zu schwatzen.

Obwohl solche Probleme in privatwirtschaftlich organisierten Unternehmen genauso wie in der staatlichen Bürokratie existieren, ist zu bedenken, dass das Überwachungsproblem in staatlichen Behörden prinzipiell größer als in der Privatwirtschaft sein muss. Der Wettbewerb auf dem Markt zwingt den Unternehmer zur Unduldsamkeit gegenüber Drückebergerei in seinem Betrieb. Unternehmer, die dort mehr Drückebergerei als andere dulden, tragen den Schaden und gehen im Extremfall Bankrott. In überlebenden Unternehmen muss die Überwachung der Weisungsempfänger zumindest halbwegs funktionieren. So genannte „Leistungszulagen zur Verminderung des negativen Zuwachses"[47], also Zulagen bei steigenden – wenn auch langsamer als bisher steigenden – Verlusten, können eher in öffentlichen Versorgungsunternehmen als in der Wettbewerbswirtschaft gezahlt werden. Unabhängig von ihren Leistungsdefiziten werden Behörden nur selten aufgelöst. Das reduziert den Druck auf Vorgesetzte, ihre Untergebenen tatsächlich zu überwachen. Wer seine Mitarbeiter sorgfältiger als andere Vorgesetzte kontrolliert, der macht sich nur unbeliebt und trägt damit persönliche Kosten.[48] Aber der strenge und unbeliebte Vorgesetzte er-

---

47 Dieser schöne Ausdruck stammt aus dem Kölner Milieu. Vgl. Scheuch (1992, S. 89).

48 Nach Libecap (2001, S. 54–55) werden amerikanische Beamte von ihren Vorgesetzten sehr positiv beurteilt, damit diese Gehaltserhöhungen erhalten. Außerdem werden Beamte meist besser als die

hält keine Beförderung oder ein höheres Gehalt, weil er seine Aufgabe erfüllt. Schon gar nicht kann er sich persönlich die Kostenersparnis, die eine effektivere Arbeit seiner Abteilung mit sich bringt, aneignen wie der selbständige Unternehmer in der Wirtschaft.

Man könnte darauf verweisen, dass in Demokratien die Überwachungshierarchie so aussieht: Die Wähler überwachen die Politiker, die sie in regelmäßigen Abständen entlassen oder abwählen dürfen. Die Politiker ihrerseits überwachen dann die Beamten und Behörden. Gibt es Anreize für die Politiker, ihre Überwachungsaufgabe zu erfüllen? Wohl nur wenige. Bloße Beschimpfung – etwa die Bezeichnung von Beamten, Lehrern oder Professoren als „faule Säcke" – impliziert noch keine Wahrnehmung der Überwachungsaufgabe. Dazu müsste man zwischen mehr oder weniger Pflichterfüllung unterscheiden und die Leistungsunwilligen und die Leistungsunfähigen sanktionieren. Da setzen das deutsche Beamtenrecht und das Tarifrecht im öffentlichen Dienst enge Grenzen. Grundsätzlich könnte die Politik auf dem Wege der Legislative hier Überwachungs- und Sanktionsmöglichkeiten schaffen, beispielsweise indem die Entlassung pflichtvergessener öffentlicher Bediensteter erleichtert würde.

Aber eine Steigerung der Produktivität des öffentlichen Dienstes kann als öffentliches Gut aufgefasst werden – niemand zieht persönlichen Nutzen aus eigenen Beschaffungsbeiträgen, obwohl das Ergebnis allen zugute kommen würde. Warum sollen gerade die gewählten Repräsentanten des Volkes zur Beschaffung dieses öffentlichen Gutes beitragen? Die Kosten wären dann nämlich von Politikern zu tragen. Jeder Politiker, der ernsthaft mehr Kontrolle im öffentlichen Dienst durchsetzen will, macht sich die zahlreiche Gruppe der öffentlichen Bediensteten im Bundestag und in der Wählerschaft zum Feind. Ob die beamteten Bundestagskollegen so einen Querulanten noch für

---

Inhaber äquivalenter Positionen in der Privatwirtschaft bezahlt. M. E. noch wichtiger ist, dass im öffentlichen Dienst eine Lohnspreizung nach Leistung kaum möglich ist.

wichtige Ausschusspositionen in Betracht ziehen würden? Müsste man nicht mit Vergeltung der beamteten Wähler rechnen? Würde nicht gleichzeitig die rationale Ignoranz der Wähler, die nur Steuerzahler, aber nicht Beamte sind, verhindern, dass die nicht-beamteten Wähler den kontrollfreudigen Politiker bei der nächsten Wahl unterstützen?

Der „gut gemeinte" Versuch der Korrektur des Marktversagens wird in der Praxis allzu oft daran scheitern, dass die damit befassten Behörden und die Politik einfach nicht das Weisungs- und Kontrollproblem in den Griff bekommen.

3. Institutionen und Anreize

3.1 Eigentum, Freiheit und Wissensnutzung

Von den Institutionen hängen die Arbeitsanreize ab, denn ohne Arbeit ist zumindest Massenwohlstand nicht denkbar. In *Max Webers*[49] Wirtschaftsgeschichte, die ich in Anlehnung an *Collins*[50] interpretiere, spielen die Rechtssicherheit und die Überwindung der dualistischen Ethik[51] die entscheidende Rolle dafür. Nach *Weber*[52] gilt: „Der kapitalistische Wirtschaftsbetrieb muss sich, wenn er rational wirtschaften soll, darauf verlassen können, dass berechenbar judiziert und verwaltet wird." Berechenbarkeit kann dabei allerdings nur eine notwendige und keine hinreichende Bedingung für eine blühende Wirtschaft sein. Man muss sicher wissen, was man von den Früchten seiner Arbeit behalten darf. Wem aber vorhersehbar fast alles genommen wird, der wird trotz Berechenbarkeit wenig leisten.

Mit dem Nobelpreisträger *North*[53] muss man die Institutionen weitgehend politisch erklären, denn: „Letztlich trägt der Staat die Verantwortung für die Effizienz der Eigentumsstruktur, von der es abhängt, ob Wachstum, Stagnation oder wirtschaftlicher Rückgang eintreten werden." Von besonderer Bedeutung sind dabei die Eigentums- und Verfügungsrechte, wie schon *Adam Smith*[54] erkannte: „Jemand, der kein Eigentum erwerben

---

49 Vgl. Weber (1923/1981).
50 Vgl. Collins (1980).
51 Eine dualistische Ethik ist nur im Binnenverhältnis, etwa unter Brüdern, Stammes-, Religions- oder Volksgenossen anspruchsvoll, erlaubt aber im Außenverhältnis vieles, was im Binnenverhältnis verpönt ist, beispielsweise Betrug oder Diebstahl.
52 Vgl. Weber (1923/1981, S. 240).
53 Vgl. North (1988, S. 17).
54 Vgl. Smith (1776/1990, S. 319).

kann, kann auch kein anderes Interesse haben, als möglichst viel zu essen und so wenig wie möglich zu arbeiten."

Förderlich ist eine große Zahl von Eigentümern. Denn wenn es nicht nur wenige große, sondern auch viele Kleineigentümer gibt, darf der Eigentumslose hoffen, durch harte Arbeit Kleineigentümer zu werden, der Kleineigentümer aber darauf hoffen, seinen Besitz zu mehren. Im Interesse der wirtschaftlichen Entwicklung sollte also das Eigentum breit gestreut sein, den Arbeitenden und nicht nur den Machthabern zugänglich. Besitz und politische Macht sollten möglichst unabhängig voneinander sein. Das Eigentum der Arbeitenden muss vor dem Zugriff der Machthaber geschützt werden.

Privateigentum ist auch deshalb wichtig, weil es als Eigentum an Produktionskapital Knappheitspreise und damit eine rationale Ressourcenallokation überhaupt erst ermöglicht. Vor allen anderen hat das *Ludwig von Mises*[55] erkannt, als er schrieb: „Die kapitalistische Wirtschaftsordnung, die uns allein rationelle Produktion ermöglicht, beruht auf der Geldrechnung. Nur weil es für alle Waren und Dienstleistungen auf dem Markt Preise gibt, die in Geld ausgedrückt werden, können die verschiedenartigsten Güter und Arbeitsleistungen in eine einheitliche Rechnung eingehen. Die sozialistische Gesellschaftsordnung, bei der alle Produktionsmittel im Eigentum der Gesamtheit stehen, die demgemäß keinen Marktverkehr und keinen Austausch von Produktionsgütern und -diensten kennt, kann auch keinen Geldpreis für Güter höherer Ordnung und für die Arbeitsleistung kennen. In ihr müsste daher das Mittel der rationellen Betriebsführung, die Wirtschaftsrechnung, fehlen. Denn die Wirtschaftsrechnung kann ohne einen gemeinsamen Nenner, auf den alle verschiedenartigen Güter und Dienstleistungen zurückgeführt werden, nicht bestehen." Etwas drastischer ausgedrückt: Selbst wenn die Politiker mit den Knappheitspreisen auf den Faktormärkten die Maßstäbe vernichten, werden sie dadurch

---

55 Vgl. von Mises (1927, S. 63).

noch nicht unfehlbar. Entwicklung und Wachstum hängen vor allem auch davon ab, ob die Preise „richtig" sind[56], also Knappheiten anzeigen und Anreize zu ihrer Überwindung vermitteln.[57]

Pejovich[58] ergänzt die bisherige Analyse des Eigentums: „Exklusivität vermittelt Anreize für Eigentümer, ihren Besitz optimal zu nutzen; Transferierbarkeit vermittelt Anreize, Ressourcen von weniger produktiven auf produktivere Eigentümer zu übertragen; und konstitutionelle Eigentumsgarantien trennen die Akkumulation wirtschaftlicher Macht von der politischer Macht." Im Gegensatz dazu gilt, dass „Staatseigentum dem Entscheidungsträger nur schwache Anreize vermittelt, effiziente Resultate zu verfolgen". Ein Vergleich der wirtschaftlichen Entwicklung in Gesellschaften mit mehr oder weniger sicheren privaten Eigentums- und Verfügungsrechten bzw. der Kontrast zwischen kapitalistischen und Planwirtschaften spricht für die Haltbarkeit dieser theoretischen Behauptungen.[59]

An dieser Stelle ist es vielleicht sinnvoll, auf die Begriffe „Kapitalismus" und „Marktwirtschaft" einzugehen, die hier nur implizit definiert worden sind. Zunächst einmal fällt auf, dass Amerikaner ganz selbstverständlich den Begriff des Kapitalismus verwenden, während Deutsche den Begriff der Marktwirtschaft bevorzugen. Das hat sicher wenig mit den Unterschieden in der Wirtschaftsordnung zwischen beiden Gesellschaften zu tun, etwa dem zwischen „amerikanischem" und „rheinischem" Kapitalis-

---

56 Vgl. Lal (1983/2002, S. 170, 178, 237).

57 Man kann vielleicht (mathematische) Denkmodelle entwerfen, die die Möglichkeit funktionierender Planwirtschaft aufzeigen. Daraus folgt aber noch lange nicht, dass so etwas in Wirklichkeit funktioniert, dass also Regierungen gleichzeitig alles wissen, alles können und wohlwollend sind (vgl. Lal 1983/2002, S. 128–130, 175).

58 Vgl. Pejovich (1995, S. 68–69, meine Übersetzungen).

59 Vgl. Weede (2000, vor allem Kap. IV, VII, X; 2001) und die in Kapitel 3.3 zitierte Literatur.

mus[60], sondern vielmehr mit der unterschiedlichen Legitimität der kapitalistischen oder marktwirtschaftlichen Ordnung in beiden Gesellschaften. Deutsche schrecken nicht zuletzt deshalb vor der Verwendung des Kapitalismusbegriffs zurück, weil die Legitimität oder Akzeptanz dieser Wirtschaftsordnung bei uns nicht das amerikanische Niveau erreicht.[61] Meines Erachtens sind „Kapitalismus" und „Marktwirtschaft" schlicht Synonyme.

Bei *Marx* und *Engels*[62] werden Kapitalisten und Kapitalismus über Privatbesitz an Produktionskapital definiert. Bei *Berger*[63] wird Kapitalismus definiert durch „Produktion für den Markt durch unternehmerisch tätige Individuen oder Kombinationen von Individuen mit dem Ziel der Profiterzielung". Offensichtlich kann man so auch Marktwirtschaft definieren. Wenn man *Mises'* oben zitierte Argumente akzeptiert, dann gehören der Privatbesitz an Produktionskapital und die Produktion für den Markt so zusammen, dass der Privatbesitz an Produktionskapital eine Voraussetzung dafür ist, dass der Markt gut funktionieren kann. Das sehen *Berger*[64] oder *Eucken*[65] genauso.

---

60 Vgl. Michel Albert (1992).

61 Die Kehrseite der unterschiedlichen Legitimität des Marktes ist die unterschiedliche Legitimität von Staat und Staatseingriffen in Amerika und Kontinentaleuropa. Schon Tocqueville (1835/1985, S. 120) weist darauf hin, dass die Amerikaner, im Gegensatz zu Deutschen oder Franzosen, in der Regierung „kein Gut, sondern ein notwendiges Übel" sehen. Mit Lipset (1963/1979, S. 57, meine Übersetzung) kann man ergänzen: „Die Schwäche aristokratischer Traditionen bedeutet auch, dass die USA eine wirtschaftlich dominante Klasse von Kaufleuten und Industriellen entwickeln konnten, deren Leidenschaft für die Akkumulation von Wohlstand nicht durch Werte behindert wurden, die harte Arbeit und Kapitalkonzentration abwerteten."

62 Vgl. Marx und Engels (1848/1966, S. 243).

63 Vgl. Berger (1986, S. 19, meine Übersetzung).

64 Vgl. Berger (1986, S. 190).

65 Vgl. Eucken (1955, S. 271).

Schwierigkeiten mit der Marktwirtschaft haben vor allem wirtschaftsferne Intellektuelle[66]. Novak[67] hat das besonders prägnant formuliert: „Sozialistische Intellektuelle wünschen häufig die Demokratisierung des Wirtschaftssystems, weil sie sich von der Existenz wirtschaftlicher Eliten und von der Ästhetik und moralischen Mittelmäßigkeit der freien Verbraucher beleidigt fühlen. Der Sozialismus ist eine schöne Lösung für beide Beschwerden. Er versetzt die neue Elite in die Lage, etwas Besseres zu erzwingen." Der Sozialismus wird damit als die moderne Form des uralten Traums von der Klassenherrschaft der wirtschaftsfernen Intelligenz identifiziert.

Eine andere schöne Formulierung zur Rolle der wirtschafts- und technikfremden Intelligenz stammt von Scheuch.[68] Dort heißt es: „Er (der Sozialismus, E.W.) fungiert jetzt als Theologie der Kulturberufe. Warum gerade er? Weil er Herrschaft rechtfertigt, Herrschaft der Aufgeklärten über die fehlgeleiteten Massen. Um die Herrschaft der Kulturberufe über konkurrierende Eliten geht es real. Sozialismus, das ist nicht mehr Butter und Mallorca für die Bevölkerung. So etwas kann erwiesenermaßen die Marktwirtschaft besser. Es geht um Gesamtschulen, provozierendes Theater, viele Sozialarbeiter, Bewegungen aller Art gegen Kernkraft, Tierversuche, Volkszählung, mehr Dienstwagen und weniger Autos für normale Bürger (...) Es geht um die Herrschaft einer Priesterkaste vermittels der Medien und der Institutionen der subventionierten Kultur." Auch wenn es gern vergessen wird, die Angehörigen der Kulturintelligenz sind nicht weniger als Unternehmer oder Arbeiter Eigennutzmaximierer, die sich in Wirtschaftsfragen zudem durch fehlende Sachkenntnis auszeichnen.

---

[66] Vgl. Schumpeter (1950, 13. Kapitel).
[67] Vgl. Novak (1982, S. 35, meine Übersetzung); ähnlich Baader (2002).
[68] Vgl. Scheuch (1991, S. 37).

Ansatzweise ist der sozialistische Traum meiner Ansicht nach totalitär, wie sich merkwürdigerweise gerade am Beispiel eines sozialdemokratisch denkenden Ökonomen ablesen lässt. *Tinbergen*[69] hatte nämlich vorgeschlagen, nicht mehr das Einkommen, das er als Resultat menschlicher Fähigkeiten und ihrer Unterschiede auffasst, zu besteuern, sondern – psychometrisch zuverlässige Erfassbarkeit vorausgesetzt – die Fähigkeiten selbst. Damit würde den Befähigten die Möglichkeit genommen, sich durch Arbeits- und Einkommensverzicht einer übermäßigen Besteuerung zu entziehen. Das wäre die Einführung der Zwangsarbeit für eine besonders tüchtige Minderheit im Interesse der Mehrheit oder ihrer Repräsentanten.

Neben dem Privateigentum ist die Freiheit des Individuums Voraussetzung für eine positive wirtschaftliche Entwicklung. Denn nur in einer freien Gesellschaft kann das vorhandene, aber auf eine Vielzahl von Köpfen zerstreute Wissen genutzt werden, wie vor allem *von Hayek*[70] gezeigt hat. Für *Hayek* besteht Wissen aus viel mehr als dem akademischen Buchwissen. Es umfasst auch das Wissen des Handwerkers, beispielsweise darüber, wie man Mauern oder Dächer errichtet, wie man Kleider repariert oder Schornsteine fegt. Es umfasst auch das Wissen des Bauern, was auf welchem seiner Felder gedeiht.[71] Es umfasst das Wissen des Managers darüber, welche Produkte am Markt zurzeit absetzbar sind oder welche Maschinenlaufzeiten in seinem Betrieb, zu seiner Zeit, an seinem Standort kostengünstig sind. Derartiges Wissen ist dezentralisiert, weil in jedem einzelnen Kopf nur verhältnismäßig kleine Wissensfünkchen – relativ zum in der Gesellschaft oder der Welt verfügbaren Gesamtwissen – gespeichert sind. *Hayek* geht davon aus, dass dieses Wissen nicht

---

69 Vgl. Tinbergen (1963, S. 164).

70 Vgl. von Hayek (1945, 1971, 1980–81).

71 Als die chinesischen Kommunisten beim sog. „großen Sprung nach Vorn" dieses bäuerliche Wissen durch planerische Arroganz ersetzt haben, waren die Folgen mit mehr als 30 Millionen Hungertoten entsetzlich (vgl. Weede 2000, Kapitel IV b).

zentralisierbar und folglich sein Einsatz nicht zentral planbar ist. Wenn das Wissen genutzt werden soll, dann müssen die Individuen erstens das Recht haben, ihr Wissen dem eigenen Urteil gemäß einzusetzen, dann müssen die Individuen zweitens den Anreiz erhalten, ihr Wissen nicht nur im eigenen Interesse, sondern auch in dem der anderen einzusetzen. Das erste Erfordernis verbietet Zentralplanung und gebietet dezentrale Entscheidungen.

Hayeks Analyse des Zusammenhangs von Freiheit und Wissensnutzung ist mit einer unter Intellektuellen im Allgemeinen und unter Soziologen im Besonderen beliebten Verklärung von bürokratischer Herrschaft inkompatibel. In *Hayeks* Analyse sind Zentralisierung und Bürokratie nicht wie bei *Max Weber* Varianten von rationaler Wissensherrschaft, sondern eher Mechanismen zu ihrer Verhinderung. Nach *Hayek*[72] gilt: „Wird das Wirtschaftssystem noch komplexer, so wird nicht etwa die zentrale Steuerung zu einer zwingenderen Notwendigkeit, sondern die Anwendung einer Koordinierungsmethode, die nicht auf bewusste Lenkung angewiesen ist, wird geradezu zu einer Lebensfrage."

Im Prinzip ähnlich argumentiert *Lal*[73], der davon ausgeht, dass Investitionen immer riskant sind und von vielleicht fehlerhaften Erwartungen bzw. Vorhersagen abhängen: „Die Resultate zentralisierter Vorhersagen können tatsächlich schlechter sein als diejenigen, die auf dezentralisierten Vorhersagen und einer Vielzahl von Marktteilnehmern beruhen, weil die Durchsetzung einer einzigen Vorhersage in einer unsicheren Welt darauf hinausläuft, alles auf eine Karte zu setzen. Verglichen damit kann es eine bessere Strategie sein, viele kleine Wetten auf der Basis unterschiedlicher Erwartungen von einer Vielzahl von Entscheidungsträgern in einer Marktwirtschaft zu haben." Nur dann gibt es die Chance des Fehlerausgleichs – etwa wenn ein potenzieller

---

72 Vgl. von Hayek (1944/1976, S. 61–62).
73 Vgl. Lal (1983/2002, S. 131, meine Übersetzung).

Investor die Nachfrage überschätzt, andere sie aber unterschätzen. Mit *Watrin*[74] kann man deshalb vermuten: „Bürokraten und Sozialplaner aber sind (...) vor allem für Staatsversagen (...) zuständig."

Der denkbare Grenzfall, dass jeder nur für sich plant und entscheidet, aber niemandes Weisungen unterstellt wird, ist – wie im zweiten Kapitel erläutert – dabei allerdings nicht das Ideal. Manche Menschen wissen, dass andere mehr wissen als sie selbst, dass sie durch Aufgabe der Selbständigkeit und freiwillige Unterstellung unter die Weisungsbefugnis anderer mehr als bei Selbständigkeit erwirtschaften können. Zentralplanung funktioniert hier nicht. Ein Verbot der Zusammenarbeit in Unternehmen wäre absurd. Nicht politische Entscheidung, sondern Wettbewerb ist das geeignete Verfahren, um die (zurzeit gerade) optimale Betriebsgröße herauszufinden. *Hayek* betont auch, dass Wissen nicht explizit formuliert sein muss, dass es stark orts- und zeitgebunden sein kann. Ich habe den Eindruck, dass das auch und gerade für das Überwachungs- und Kontrollwissen innerhalb von Unternehmen gilt. Der Versuch, derartiges Wissen zu zentralisieren, dürfte mit einem besonders hohen Risiko des Scheiterns verbunden sein.

Das zweite Problem bei der Wissensnutzung, die Setzung von Anreizen, wird in einer freien Wettbewerbswirtschaft spontan gelöst. Wer die Folgen der Nutzung oder Vergeudung seines Wissens, seiner Talente und seiner Arbeitskraft bei hohen Erträgen und bei Verlust tragen muss, der wird sein Wissen und seine Arbeitskraft auch im Interesse anderer, der Nachfrager, einsetzen. Wer die Interessen dieser Mitmenschen vernachlässigt, bleibt auf seinen Produkten sitzen und hat den Schaden. Anreize zur Wissensnutzung sind vor allem auch deshalb notwendig, weil sich oft nicht einmal der Erzeuger des Wissens selbst vollständig über den Wert seiner Kenntnisse im Klaren ist.[75] Der

---

74 Vgl. Watrin (1996, S. 188).
75 Vgl. Bartley (1985).

Wert konkreter Erkenntnisse erweist sich ja möglicherweise erst in Kombination mit anderen Wissensbeständen. Die denkbaren Kombinationsmöglichkeiten – und die fruchtbare Teilmenge dieser Möglichkeiten – sind in der Regel für Erfinder oder Erzeuger von Wissen nicht absehbar.

Mit *Hayek*[76] sehe ich eine Komplementarität von Freiheit und Recht: „Die Fähigkeit des Individuums, selbst zu entscheiden und sich nur von seinem Wissen und seinen Erwartungen und denen der Gruppen, denen er sich vielleicht anschließen will, leiten zu lassen, hängt von einer allgemeinen Anerkennung einer respektierten Privatsphäre ab, in der das Individuum frei verfügen kann, und einer ebenso anerkannten Art, auf die die Rechte an bestimmten Dingen von einer Person auf andere übertragen werden können." Nur das Recht kann ja die Freiheitsspielräume der Menschen untereinander abgrenzen und die Konfliktgefahr damit reduzieren.

3.2 Freiheit, Verantwortung und Innovation

Die positiven Folgen individueller Entscheidungsfreiheit werden durch private Eigentums- und Verfügungsrechte weiter verstärkt, weil Eigentümer nicht nur über ihre persönliche Arbeitskraft, sondern im Rahmen der Rechtsordnung auch über ihren Sachbesitz – beispielsweise an Grund und Boden oder Fabriken – frei verfügen können, ohne Andere fragen zu müssen. Privateigentum reduziert den Zustimmungsbedarf. Korrelat individueller Entscheidungsfreiheit muss allerdings die Verantwortung sein, das heißt: Entscheidungsträger müssen für die Folgen ihres Tuns verantwortlich gemacht werden. Mit *Milton* und *Rose Friedman*[77] kann man deshalb auch die positive Funktion von Verlusten, einschließlich des Bankrotts, hervorheben. Der Bankrott ist ja

---

76 Vgl. von Hayek (1988, S. 30, meine Übersetzung).
77 Vgl. Milton and Rose Friedman (1981, S. 57).

der kapitalistische Mechanismus zur Begrenzung und Überwindung von Misswirtschaft.

Weil Freiheit und persönliche Verantwortung Produktivkräfte sind, weil jeder ein Interesse an produktiven Tauschpartnern haben muss, gibt es nicht nur ein Interesse an der eigenen Freiheit, sondern auch ein eigennütziges Interesse an der Freiheit der anderen.[78] *Hayek*[79] hat das so ausgedrückt: „Die Vorteile, die ich aus der Freiheit ziehe, sind daher weitgehend das Ergebnis des Gebrauchs der Freiheit durch andere und größtenteils das Ergebnis eines Gebrauchs der Freiheit, den ich selbst nie machen könnte (...) Es ist wichtiger, dass alles von irgend jemanden versucht werden kann, als dass wir alle dasselbe tun können (...) Die wohltätige Wirkung der Freiheit ist daher nicht auf die Freien beschränkt (...) Das Wesentliche ist, dass die Wichtigkeit der Freiheit, Bestimmtes zu tun, nichts mit der Anzahl der Menschen zu tun hat, die dieses tun wollen: Sie mag damit sogar fast im umgekehrten Verhältnis stehen."

Individuelle Freiheit ist nicht nur Voraussetzung für die Mobilisierung des vorhandenen, aber fragmentierten Wissens in einer Gesellschaft, sondern auch für Innovation. *Mises*[80] formuliert das so: „Aller Fortschritt der Menschheit vollzog sich stets in der Weise, dass eine kleine Minderheit von den Ideen und Gebräuchen der Mehrheit abzuweichen begann (...) Wenn man der Mehrheit das Recht gibt, der Minderheit vorzuschreiben, was sie denken, lesen und tun soll, dann unterbindet man ein für alle Mal den Fortschritt." Damit Innovation möglich ist, muss eine Gesellschaft also möglichst großen Spielraum für individuelle Selbstbestimmung, für individuelle oder in Kleingruppen konzipierte Experimente schaffen und gleichzeitig die sozialen Kon-

---

78 Möglicherweise ist man nicht an der Freiheit aller anderen interessiert, aber an der Freiheit vieler anderer muss man interessiert sein, weil man ein Interesse an der Existenz vieler produktiver Tauschpartner hat.
79 Vgl. Hayek (1971, S. 41–42).
80 Vgl. von Mises (1927, S. 48).

senserfordernisse beschränken, die allzu oft Denkfaulheit und rationale Ignoranz begünstigen, wie im Kapitel 1.3 ausgeführt worden ist.

Die Wirtschaftshistoriker *Rosenberg* und *Birdzell*[81] haben das besonders prägnant formuliert: „Eine Gesellschaft, die Innovationen so lange verzögerte, bis ein politischer Konsens gefunden wäre, würde immer weiter hinter eine Gesellschaft zurückfallen, die das nicht verlangt (...) Denn das beinhaltet das Kriterium, dass die Vorzüge der Innovation hinreichend verstanden werden und vorhersagbar sind, dass sie vor ihrer Durchführung überzeugend formuliert werden können – und das heißt, dass alles so klar ist, dass experimentelle Überprüfung überflüssig ist." Wer also einer Volkswirtschaft Innovationen bzw. Verbesserungen ermöglichen will, darf Konsens- und Mitbestimmungserfordernisse nicht unnötig[82] ausweiten.

Zuviel Demokratie kann eine Innovationsbremse sein. Mitbestimmung ist kein Substitut für Selbstbestimmung, wie gerade die deutschen Mitbestimmungs- und Betriebsverfassungsgesetze illustrieren. Wer weder Politikern noch Mehrheiten das göttliche Merkmal der Unfehlbarkeit zuschreibt, sieht in allen Betriebsverfassungen immer nur vorläufige Versuche der Optimierung der Unternehmensorganisation, wobei der Wettbewerb zwischen den Unternehmen auch Informationen darüber vermittelt, welche der verschiedenen gerade existierenden Unternehmensorganisationen am effizientesten sind. Wie beispielsweise von *Pejovich*[83] hervorgehoben wird, verhindern Mitbestimmungs- und Betriebsverfassungsgesetze diesen Wettbewerb und damit die Chance, dazu zu lernen. Nicht die Details des Inhalts deutscher Mitbestimmungs- und Betriebsverfassungsgesetze sind das Problem, sondern die bloße Existenz einer rechtlichen Regelung ist

---

81 Vgl. Rosenberg und Birdzell (1986, S. 310, meine Übersetzung).

82 Notwendig kann die Ausweitung von Konserserfordernissen sein, wo die berechtigten Interessen Dritter berührt werden, beispielsweise bei Lärmbelästigung oder Umweltschäden.

83 Vgl. Pejovich (1995, S. 203).

es. Ein Verbot paritätischer Mitbestimmung beispielsweise wäre genauso unsinnig – im Sinne einer Anmaßung von Wissen – wie das existierende Gebot. Wo Planung mit politischer Macht verbunden ist, behindert sie allzu leicht den Wettbewerb und damit die Möglichkeit, dazu zu lernen.[84]

Privateigentum, Freiheit und Selbstverantwortung der Bürger setzen Grenzen der Machtanhäufung in der Gesellschaft und damit auch Grenzen der Staatstätigkeit voraus. Weit reichende Kompetenzen und vielfältige Ressourcen für den Staat verbunden mit eingeschränkten Kompetenzen und schwachen Ressourcen für die Bürger implizieren die Gefahr großer, nicht leicht korrigierbarer Fehler. *Popper*[85] hat das so formuliert: „Denn jede politische Machtanhäufung führt mit Notwendigkeit dazu, dass kleine Fehler zunächst unbemerkt bleiben, so dass auch dann, wenn wir bei den Machthabern den reinsten Altruismus voraussetzen (ungetrübt von dem Motiv, sich an der Macht zu erhalten), die rechtzeitige Entdeckung kleiner Fehler und damit die Fehlerkorrektur unterbleibt, bis es zu spät ist." Wer realistischerweise das Interesse der Machthaber an der Vertuschung von Fehlern und am Verstummen von Kritik berücksichtigt, wird erst recht einsehen, dass eine Vielzahl kleiner und von relativ ohnmächtigen Bürgern zu verantwortende Fehlentscheidungen dem Risiko großer und von mächtigen Personen veranlassten Fehlentscheidungen vorzuziehen sind.

3.3 Freiheit oder Staatseingriffe?

Staatstätigkeit ist immer eine Gefahr für die Freiheit und die Selbstverantwortung der Menschen. Das gilt auch für den demokratischen Sozialstaat. Dessen Grundgedanke ist es ja, mit Hilfe

---

84 Mit der Reform des Betriebsverfassungsgesetzes hat die erste Regierung Schröder die Mitbestimmung ausgeweitet und ca. 20 000 neue Betriebsräte und 4 000 neue Gremien geschaffen (Frankfurter Allgemeine Zeitung 2002). Das kostet natürlich Geld.

85 Vgl. Popper (1974, S. IX).

von Zwangsbelastungen der wirtschaftlich Erfolgreichen Transfers zu Gunsten der Bedürftigen zu finanzieren. Der Zwang gegen die Erfolgreichen mindert deren Freiheit. Die Transfers reduzieren notwendigerweise die Selbstverantwortung der Begünstigten. Weil Zwangsabgaben Erfolg bestrafen und Transfers Misserfolg belohnen und verstärken, muss der Sozialstaat die Arbeitsmoral und Selbstverantwortung seiner Bürger beschädigen und ihre Fähigkeit, aus Fehlern zu lernen, reduzieren.

Nach *Müller-Vogg*[86] verdiente ein männlicher Durchschnittsverdiener mit zwei Kindern und einer nicht-erwerbstätigen bzw. die Kinder versorgenden Ehefrau in den 1990er Jahren nur ungefähr 4 Prozent mehr netto, als die Familie bei Bezug von Sozialhilfe hätte.[87] Solche politischen Rahmenbedingungen sind nicht gerade dazu angetan, die Selbstverantwortung zu stärken.

Auch im Bundeskanzleramt deutete sich im Winter 2002/2003 die Einsicht an, dass die Arbeitsanreize für Sozialhilfebezieher nicht ausreichend sind. In einem internen Strategiepapier[88] wurde festgestellt, dass bei einer fünfköpfigen Familie ein Alleinverdiener erst mit einem Stundenlohn ab 10 Euro die Sozialhilfeleistungen erreichen oder überschreiten kann. Tatsächlich lagen die Stundenlöhne Niedrigqualifizierter 2001 aber vielfach noch knapp unter 9 Euro. Wie man die Arbeitsanreize für diesen Personenkreis wiederherstellen will, blieb in den Überlegungen des Kanzleramtes allerdings offen. Eine Anhebung der Niedriglöhne würde zwar die Arbeitsanreize verbessern, aber gleichzeitig Arbeitsplätze für Niedrigqualifizierte vernichten. Das kann nicht die Problemlösung sein. Denkbar wäre

---

86 Vgl. Müller-Vogg (1998, S. 19).
87 Nach Miegel (2002, S. 103–104) hatten noch Mitte der 1960er Jahre durchschnittliche Arbeitnehmerhaushalte mit vier Personen nicht mehr als heute ein gleich großer Sozialhilfehaushalt bekommt. Nach Welter (2002, S. 269) ist das Sozialhilfeniveau seit Anfang der 1960er Jahre inflationsbereinigt um mehr als 60 Prozent gestiegen.
88 Vgl. Frankfurter Allgemeine Zeitung (2003a, S. 5).

auch eine öffentliche Subventionierung von Niedriglöhnen, was in Anbetracht leerer öffentlicher Kassen und der allgemein schädlichen Auswirkungen von Preisverzerrungen auch fragwürdig ist. Den politischen Mut, eine Senkung der Sozialhilfeleistungen vorzuschlagen und durchzusetzen und damit auch für Niedrigqualifizierte die Arbeitsanreize wiederherzustellen, scheint in Deutschland allerdings keine der großen Volksparteien zu haben.

Vielleicht hat der Sozialstaat trotz allem eine Berechtigung. Die Beschädigung der Arbeitsmoral wäre dann hinzunehmen. *Hans Albert*[89] scheint zu glauben, dass eine freiheitliche Ordnung für die weniger Erfolgreichen nur durch materielle Zugeständnisse, also letztlich Freiheitsbeschränkungen für die Erfolgreichen, legitimierbar ist, denn er schreibt: „Wer den Mitgliedern der Gesellschaft eine Ordnung der Freiheit attraktiv erscheinen lassen möchte, hat allen Anlass, dem Bedürfnis nach Sicherheit Rechnung zu tragen, besonders bei denjenigen, die auf Grund ihrer sozialen Lage die Vorteile der Freiheit geringer einzuschätzen pflegen als die Nachteile der damit verbundenen Unsicherheit." Was die mangelnde Attraktivität der Freiheit angeht, so fürchte ich, dass *Albert* recht hat. So wie Trittbrettfahrer Kollektivgüter genießen wollen ohne Beschaffungsbeiträge zu leisten, wollen viele Menschen Freiheit ohne die Last der Verantwortung für die Folgen ihres Tuns oder ihrer Untätigkeit. *Ludwig Erhard*[90] hatte genau das schon 1972 in einem Gespräch mit dem Handelsblatt befürchtet: „Der Kampf gegen die Leistungsgesellschaft ist der Kampf der Trägen und Untüchtigen, denen die Leistung einfach zu unbequem ist und die darum deren Unschicklichkeit erklären. Diese Menschen wollen nur noch fordern, aber sich nichts mehr abfordern lassen." Skeptisch bin ich allerdings in Bezug auf die Frage, ob Systemlegitimation durch Umverteilung erreicht werden kann, ohne die Wirtschaft

---

89 Vgl. Hans Albert (1986, S. 99).
90 Vgl. Habermann (2000, S. 190).

dadurch nachhaltig zu stören, außerdem ob die politische Umverteilung dem Ziel der Egalisierung der Einkommen überhaupt näher kommen kann. In Kapitel 5.4 wird darauf noch einzugehen sein.

Meine Skepsis beruht auf zwei Überlegungen. Erstens gibt es keine klare Bedürftigkeitsgrenze, die uns angibt, wer noch und wer nicht mehr in den Genuss von Transfers kommen sollte. Schlimmer noch: Transfers verschieben die Bedürftigkeitsgrenze, weil sie Anreize vermitteln, bedürftig zu werden. Umverteilung schafft so weiteren Umverteilungsbedarf. Auch die historische Erfahrung lehrt, dass es schwer ist, die Tätigkeit des Sozialstaats zu begrenzen. In vielen westeuropäischen Demokratien liegen die Staatsquoten in der Nähe der Hälfte und die Sozialtransferquoten in der Nähe eines Drittels des Bruttoinlandsproduktes, obwohl positive Effekte bei derart hohen Quoten nicht mehr ohne weiteres nachweisbar sind.[91] Ökonometrisch nachweisen lassen sich aber die wachstumsdämpfenden Effekte von Staatskonsum, Staatsquoten und Sozialtransferquoten.[92] *Ludwig Erhard* hatte zwar zu Recht schon in den 1950er Jahren vor der Entwicklung zum Versorgungsstaat gewarnt, aber gehört wurde er nicht. Deshalb gilt heute[93]: „Ein Wachstumshindernis ersten Ranges ist der Staat, der Gerechtigkeit herstellen möchte, indem er alles und jedes regelt."

Mit *Berthold*[94] kann man befürchten, „dass Umverteilungspolitik in einer Gesellschaft die Toleranz für Einkommensunterschiede verringert. Der ‚Respekt' vor der bestehenden Einkommensverteilung sinkt, wenn klar wird, dass diese nicht nur durch anonyme Marktkräfte, sondern zu einem erheblichen Teil durch diskretionäre politische Entscheidungen bestimmt werden." Die

---

91 Vgl. Tanzi and Schuknecht (2000).
92 Vgl. Barro and Sala-i-Martin (1995); Bernholz (1986); Weede (1996).
93 Vgl. Müller-Vogg (1998, S. 14, Zitat S. 131).
94 Vgl. Berthold (1997, S. 20).

Bedeutung politischer Entscheidungen für die Einkommen lässt sich auch am Beispiel der Rentenansprüche illustrieren. Nach *Schmähl*[95] musste ein Durchschnittsverdiener vor der Rentenreform von 2001 ungefähr 25 Jahre versicherungspflichtig arbeiten, um einen Rentenanspruch in Höhe des vollen Sozialhilfesatzes zu erwerben. Wer nur 70 Prozent des Durchschnittslohns verdiente, musste 35 Jahre für eine solche Rente arbeiten. Nach der Rentenreform von 2001 muss der Durchschnittsverdiener schon 29 Jahre dafür arbeiten, um eine Rente in Höhe des vollen Sozialhilfesatzes zu erreichen. Für unterdurchschnittliche Verdiener kann die Diskrepanz zwischen der selbst erarbeiteten Altersrente und der Sozialhilfe keinen Arbeitsanreiz darstellen. Ob dieses System das allzu freigebig verliehene Prädikat „sozial" verdient, muss nicht zuletzt mit Blick auf die Generationengerechtigkeit bezweifelt werden. *Müller-Voggs*[96] Frage ist nichts hinzuzufügen: „Ist es etwa sozial, wenn die Arbeitnehmer von heute den Rentnern von heute mit ihren Beiträgen ein sehr ordentliches Auskommen ermöglichen, während bereits abzusehen ist, dass die Finanziers dieses Umlagesystems in dreißig, vierzig Jahren deutlich niedrigere Renten erhalten werden, als sie heute finanzieren müssen?" Dass unser gegenwärtiges Rentensystem 2001 nicht das letzte Mal reformiert worden ist, machen die Zahlenverhältnisse zwischen Beschäftigten und Rentnern klar. Ende der 1990er Jahre war das Verhältnis 100:48, im Jahre 2040 könnte es circa 100 : 84 sein.[97]

Ein besonders problematisches Beispiel für Rentenreformen lieferte die zweite Regierung Schröder nach der gewonnenen Wahl im Herbst 2002. Nicht nur der Beitragssatz der Rentenversicherung wurde von 19,1 auf 19,5 Prozent angehoben,

---

95 Vgl. Schmähl (2002, S. 112, 117).
96 Vgl. Müller-Vogg (1998, S. 16).
97 Vgl. Müller-Vogg (1998, S. 67). Zu Geburtenrückgang, steigender Lebenserwartung, Überalterung und den Folgen für die sozialen Sicherungssysteme vgl. auch Birg (1998, 2000), Miegel (2002), Schmähl (2002) und Schmid (2002).

sondern vor allem auch die Bemessungsgrenze, wovon die „Besserverdiener" betroffen werden. Solche Politik spült zwar sofort Geld in die Rentenkassen, wird aber später einmal zu höheren Rentenansprüchen führen. Falls die Reform ehrlich gemeint ist, wird damit das Finanzierungsproblem in die Zukunft verschoben, in der aus demographischen Gründen die Rentenfinanzierung noch problematischer als heute sein muss. Oder geht die Regierung davon aus, dass künftige Rentenansprüche ohnehin nicht mehr viel wert sind, man sich folglich um deren Finanzierbarkeit auch keine Gedanken mehr machen muss?

Im Bundeshaushalt 2001 machten die konsumtiven Ausgaben 215 von 243 Milliarden Euro aus. Der Anteil der sozialen Sicherung lag bei 101 von 243 Milliarden, der der Renten allein bei 69 von 243 Milliarden[98], das heißt, die soziale Sicherung machte zwischen 41 und 42 Prozent, die Rente allein über 28 Prozent aus. Dass ein derartiger Bundeshaushalt bei hohen Staatsquoten wenig zur Erhaltung der Leistungsfähigkeit der deutschen Volkswirtschaft beiträgt, ist offensichtlich. Es ist äußerst fraglich, ob die politisch praktizierte Vorliebe für den Konsum im Allgemeinen und die Rente im Besonderen im langfristigen Interesse auch nur der vielen Rentner liegt, deren Lebenserwartung ein Jahrzehnt noch wesentlich überschreitet. Deshalb ist es höchste Zeit, dass – nach der Erhöhung der Rentenbeiträge im Winter 2002/2003 – auch im Bundeskanzleramt über die Beteiligung der Rentner an der Sanierung der öffentlichen Haushalte nachgedacht wird. Die Reihenfolge der Ereignisse – zuerst Erhöhung der Beiträge und der Bemessungsgrenze, dann erst Nachdenken über die Ausgabenbegrenzung – muss zumindest bei den gut verdienenden Leistungsträgern der Gesellschaft zur Delegitimation des Systems beigetragen haben.

Das Vertrauen der Bevölkerung in die Solidität des deutschen Rentensystems verfällt ohnehin. 1994 hielten noch 30 Prozent die Renten auch künftig für sicher, 2002 waren es nur noch

---

98 Vgl. Frankfurter Allgemeine Zeitung (2003a, S. 5).

7 Prozent. Je jünger die Menschen sind, desto geringer ist das Vertrauen. Von denen, die noch keine 30 Jahre alt waren, glaubten nur noch 2 Prozent an die Sicherheit ihrer Renten.[99] In Anbetracht solcher Erwartungen und Einstellungen kann man sich nur wundern, dass die beiden Volksparteien unter jungen Leuten noch nicht als Rentnerparteien wahrgenommen und abgelehnt werden.

Umverteilungspolitik kann sogar die Akzeptanz der Eigentumsrechte anderer in Frage stellen. Damit ist *Hans Alberts* Verweis auf die Notwendigkeit der Legitimation einer freiheitlichen Ordnung in keiner Weise widerlegt. Es könnte aber sein, dass eine freiheitliche und wachstumsfördernde Ordnung gar nicht legitimierbar ist. Auf die Frage, warum das so ist, hat *Mises*[100] eine Antwort gegeben: „Was viele Menschen, die in einem kapitalistischen System leben, unglücklich macht, ist die Tatsache, dass der Kapitalismus jedem die Möglichkeit gibt, die verlockendsten Positionen zu erreichen, die natürlich nur von wenigen erlangt werden können. Ganz gleich, was ein Mensch erreicht hat, es ist immer nur ein Bruchteil dessen, was sein Ehrgeiz ihn zu erreichen antreibt." Ich möchte hinzufügen, dass der Kapitalismus nicht legitimierbar ist, weil er die Marktteilnehmer zwingt, einander zu dienen, also so zu tun, als ob sie besser wären, als sie sind. Das erzeugt vor allem bei den Erfolglosen Ressentiments. Die freiheitliche Marktwirtschaft ist ja auch nicht durch demokratische Beschlüsse zu Stande gekommen.[101] Obwohl die Demokratie eine wohlhabende und kapitalistische Gesellschaft voraussetzt[102], kann sie durchaus ihre eigene ökonomische Basis angreifen und gefährden.[103]

---

99 Vgl. Köcher (2002, S. 5).
100 Vgl. von Mises (1979, S. 19).
101 Vgl. Streissler (1996); Weede (2000).
102 Vgl. Berger (1986); Bhagwati (1993); Lipset (1962, 1994).
103 Vgl. Schwarz (2001b).

Eine Umfrage vom Herbst 1997 zeigt, wie schwach die Legitimität der freien Marktwirtschaft in Deutschland und wie stark das Verlangen nach Staatseingriffen im Dienste der „sozialen Gerechtigkeit" ist.[104] Über 50 Prozent der Befragten hielten den sozialen Ausgleich für wichtiger als das freie Spiel der Kräfte am Markt. Fast 59 Prozent glaubten, dass in Deutschland der soziale Ausgleich zu kurz komme, aber nur gut 17 Prozent glaubten, dass der Wettbewerb bei uns vernachlässigt werde. Fast 90 Prozent hielten das Resultat unserer Wirtschaftsordnung, die Einkommens- und Vermögensverteilung, für ungerecht, weil angeblich die Reichen immer reicher und die Armen immer ärmer würden.[105] Gut zwei Drittel der Bevölkerung stimmten der Aussage zu, dass Unternehmer Ausbeuter seien. Diese Zahlen zeigen, dass eine freie Marktwirtschaft nur bei einer Minderheit der Deutschen legitim ist – trotz des abschreckenden Beispiels der untergegangenen DDR. Eine gesonderte Auswertung für Ost und West zeigt, dass die Marktwirtschaft gerade in Ostdeutschland ein besonders starkes Legitimitätsdefizit hat.

---

104 Vgl. Föste und Janßen (1999, S. 239, 242, 248, 263). Die Autoren der Studie sehen das allerdings nicht so negativ wie ich, weil sie Solidarität höher als ich und Freiheit geringer als ich bewerten. Zur theoretischen Begründung der mangelnden Attraktivität marktwirtschaftlicher Ordnungspolitik vgl. Streit (1986).

105 Nach Atkinson, Rainwater and Smeeding (1995, S.80) gehört Deutschland zu den Ländern, wo die Ungleichheit seit 1980 zwar auch zugenommen hat, aber in einem viel geringeren Ausmaß als in England oder den USA, in Japan oder Schweden. Für Westdeutschland stellte das Statistische Bundesamt (2000, S. 587) Folgendes fest: „Von Mitte bis Ende der 80-er Jahre gab es wachsende Realeinkommen und eine tendenziell sinkende Ungleichheit. Von Anfang bis Mitte der 90-er Jahre finden wir verlangsamte, zum Teil stagnierende Wachstumsraten bei zunehmender Ungleichheit. Seit Mitte der 90-er Jahre stellen wir rückläufige Wachstumsraten bei stagnierender bzw. eher rückläufiger Ungleichheit fest."

Eine interessante Erklärung für das Legitimitätsdefizit kapitalistischer Gesellschaften stammt von *Fred Hirsch*.[106] Er unterscheidet zwischen gewöhnlichen bzw. materiellen Gütern, beispielsweise Brötchen, bei denen die Befriedigung aller Bedürfnisse denkbar ist, und Positionsgütern, beispielsweise privilegierten beruflichen Positionen, bei denen die Befriedigung aller Bedürfnisse einfach nicht denkbar ist. Es ist vorstellbar, dass jeder so viele Brötchen erhält, wie er essen kann und will. Es ist aber nicht vorstellbar, dass jeder Bundeskanzler wird oder auch nur eine Putzfrau beschäftigt oder die schönste Aussicht seiner Heimatstadt aus seiner Wohnung genießt. Manchmal ist so genannter „demokratischer" Wohlstand denkbar, manchmal nur „oligarchischer", weil Positionen bzw. Positionsgüter von denen beansprucht werden, die mehr als andere haben – ob Stimmen bei einer Wahl oder Geld bei einer Auktion, wo etwa Wohnungen oder Gemälde verkauft werden. Diese begriffliche Unterscheidung verbindet *Hirsch*[107] mit einer Hypothese: „Mit wachsender durchschnittlicher Produktivität und folglich mit zunehmendem demokratischen Wohlstand wächst auch der Appetit auf oligarchischen Wohlstand, tatsächlich wächst er sogar schneller. Für die Gesamtgesellschaft kann dieser Appetit nicht gestillt werden (...) Gesteigerter Wohlstand, der allen verfügbar ist, bedeutet paradoxerweise einen wachsenden Kampf um die Formen des Wohlstands, die nur einige wenige erreichen können." Mit anderen Worten: Bei Verteilungskämpfen um Positionsgüter muss es Verlierer geben. Weit verbreitete Frustration ist unvermeidbar.

Beim Besuch von Schulen und Hochschulen bzw. beim Erwerb von Abschlusszeugnissen geht es nicht nur um Befähigungsnachweise, sondern auch um Positionsgüter. Wer länger Schulen oder Universitäten besucht und die entsprechenden Abschlüsse erworben hat, der signalisiert damit potenziellen Ar-

---

106 Vgl. Hirsch (1980).
107 Vgl. Hirsch (1980, S 50)

beitgebern ja auch Eigenschaften, wie Intelligenz, Fleiß, Sorgfalt und Disziplin. Je mehr die Länge der Ausbildung oder die Zahl der Abschlüsse vorwiegend dazu dient, eine Rangfolge der Bewerber herzustellen, desto mehr Frustration muss dabei entstehen. Je mehr andere Personen einen bestimmten Bildungsabschluss schon haben, desto weniger wert ist der Besitz dieses Abschlusses, aber desto schlimmer ist es, diesen Abschluss nicht zu besitzen. Je mehr andere den Abschluss schon haben, desto wichtiger wird der Erwerb eines höherwertigen Zeugnisses. Soweit Zeugnisse Positionsgüter sind oder deren Erwerb ermöglichen, ist der Kampf darum eine Tretmühle. Auch öffentliche Finanzierung von Bildung oder Ausbildung ändert daran nichts – eher im Gegenteil. Denn kostenlose, das heißt vom Steuerzahler finanzierte, Bildungsangebote erhöhen die Nachfrage nach Bildung, ohne mehr leitende oder privilegierte Positionen für die langwierig ausgebildeten jungen Menschen zu schaffen.

Wenn Staatseingriffe Probleme nicht lösen oder gar verschärfen, ist das für den Staat leider kein Anlass, sich zurückzuziehen. Eindrucksvoll zeigt sich die Ineffizienz des ewig umverteilenden „Sozialstaates" in Deutschland auf den Arbeitsmärkten. Löhne und vom Gesetzgeber erzwungene Lohnnebenkosten zusammen sind zu hoch, um mit Vollbeschäftigung kompatibel zu sein. Vor einigen Jahren schätzte *Siebert*[108], dass ein Reallohnabschlag von 24 Prozent notwendig wäre, um Vollbeschäftigung zu erreichen oder aber mehr Lohnspreizung. Die gegenwärtige Inkompatibilität von egalitärer Einkommenspolitik einerseits und Vollbeschäftigung wird bei *Siebert*[109] so formuliert: „Wenn bei der Tarifpolitik vor allem die unteren Lohngruppen angehoben werden und damit sozialpolitische Ziele verfolgt werden, so muss dies dazu führen, dass der Arbeitsmarkt nicht mehr funktioniert, mit der Folge, dass sich unerwünschte Beschäftigungseffekte einstellen." Diese Tarifpolitik zusammen mit hohen Sozialhilfesät-

---

108 Vgl. Siebert (1998, S. 61–62, 131 ff.).
109 Vgl. Siebert (1998, S. 140).

zen, die ähnlich wie Mindestlöhne wirken, führt dazu, dass vielleicht noch polnische Akademiker, aber keine deutschen Arbeitslosen mehr Spargel ernten wollen.

Ohne damit gleich die radikale Vorstellung einer Abschaffung der Arbeitslosenunterstützung vertreten zu wollen, kann es doch nützlich sein, sich deren grundsätzliche Problematik zu verdeutlichen. Die hat schon in den 1920-er Jahren *Ludwig von Mises* sehr klar gesehen:[110] „Werden den Arbeitslosen von der Regierung (...) Unterstützungen gewährt, so kann das Übel nur vergrößert werden. Handelt es sich um Arbeitslosigkeit, die aus den dynamischen Veränderungen der Volkswirtschaft herrührt, dann erzielt die Arbeitslosenunterstützung nur den Erfolg, dass sie die Anpassung der Arbeiter an die neuen Verhältnisse hinausschiebt (...) Man kann, wenn die Arbeitslosenunterstützung nicht allzu niedrig bemessen ist, sagen: solange Arbeitslosenunterstützung gewährt wird, kann die Arbeitslosigkeit nicht schwinden." Auch auf dem Arbeitsmarkt gilt das Dilemma jeder Sozialpolitik. Wer Bedürftigen hilft, vermittelt Anreize bedürftig zu bleiben. Eine Überdosis an staatlicher Hilfe kann die Bereitschaft zur Selbsthilfe allzu leicht abtöten.

Die Problematik des deutschen Lohnniveaus lässt sich auch im internationalen Vergleich illustrieren. Kürzlich hat die britische Wirtschaftszeitung „The Economist" folgende Angaben zu den Stundenlöhnen (einschließlich Sozialabgaben) in der Industrie gemacht[111]: Die westdeutschen Löhne liegen 13 Prozent über den amerikanischen, 43 Prozent über den britischen und 59 Prozent über den spanischen. Warum sollen internationale Investoren unter diesen Bedingungen ausgerechnet in Deutschland investieren? Was den Gleichheitsaspekt angeht, konnte ich[112] beim Vergleich von OECD-Volkswirtschaften empirisch

---

110 Vgl. von Mises (1927, S. 74).

111 Vgl. The Economist (2002c, S. 8). Durch Veränderungen der Umtauschkurse können sich diese Zahlen recht schnell verändern.

112 Vgl. Weede (1999).

zeigen, dass das Beharren auf egalitären Einkommensverteilungen mit steigender Arbeitslosigkeit zusammenhängt. *Barro*[113] hat gezeigt, dass – entgegen älteren Befunden[114] – relativ egalitäre Einkommensverteilungen zwar in Entwicklungsländern das Wachstum beschleunigen, dass es in Industrieländern aber einen positiven Zusammenhang von Ungleichheit und Wachstum gibt.

Die Rahmenbedingungen für Wohlstand und Wachstum, das heißt sichere Eigentums- und Verfügungsrechte, offene Wettbewerbsmärkte, Vertragsfreiheit und Rechtsstaatlichkeit, makroökonomische Stabilität, lassen sich mit Indices wirtschaftlicher Freiheit erfassen. Ökonometrische Studien zeigen, dass wirtschaftliche Freiheit wesentlich zur Förderung von Wachstum, Wohlstand und Lebensqualität beiträgt, ohne die Ungleichheit der Einkommensverteilung signifikant zu verändern, also ohne die Ungleichheit zu verstärken.[115] Auch Offenheit für ausländische Direktinvestitionen hat ähnliche Effekte. Ausländische Direktinvestitionen tragen zum Wachstum bei, beeinträchtigen die Gleichheit der Einkommensverteilung aber nicht, noch nicht einmal in Entwicklungsländern.[116]

---

113 Vgl. Barro (2000).

114 Alesina and Rodrik (1994) sowie Perrson and Tabellini (1992) haben einen Zusammenhang zwischen relativ egalitären Einkommensverteilungen und beschleunigtem Wirtschaftswachstum vor allem in Demokratien in ökonometrischen Studien belegt. Weede (1997) hat aber gezeigt, dass dieses Ergebnis nicht robust ist und teilweise auf fehlerhaften Daten beruht.

115 Vgl. Beach and Davis (1999, S. 10); de Haan and Siermann (1998); de Haan and Sturm (2000); Edwards (1998); Goldsmith (1997); Gwartney, Lawson and Block (1996, S. 109); Knack (1996); Knack and Keefer (1995); Mehlkop (2002); Pitlik (2002); Torstensson (1994); Weede and Kämpf (2002). Vor allem in Studien, die das Wachstum als abhängige Variable verwenden, sind die Effekte von Veränderungen der wirtschaftlichen Freiheit robuster als die des Niveaus der wirtschaftlichen Freiheit.

116 Vgl. de Soysa and Oneal (1999); Bussmann, de Soysa and Oneal (2002).

4. Rent-Seeking und ordnungspolitischer Verfall

4.1 Monopole und Monopolrenten

Es wäre nicht nur unfair, sondern auch falsch, ordnungspolitische Fehlentwicklungen ausschließlich auf das Handeln der Politiker und Bürokraten zurückzuführen. Auch Unternehmer und Arbeitnehmer können von sich aus versuchen, dem Wettbewerb zu entkommen und die Preise zu verzerren. Natürlich nimmt die Wirtschaft, einschließlich der Gewerkschaften, politische Hilfe dabei nur allzu gern in Anspruch. Solche Wettbewerbsbeschränkungen laufen auf die Suche nach Renten bzw. Rent-Seeking hinaus. Man definiert Rente als eine Zahlung an den Besitzer einer Ressource, die über das hinausgeht, was diese Ressource in einer alternativen, nächstbesten Verwendung auf einem Wettbewerbsmarkt erzielen würde.[117] Weil hohe Profite für diejenigen, die sie erhalten können, immer attraktiv sind, haben die Verkäufer von Ressourcen einen starken Anreiz, die Käufer zur Zahlung eines überhöhten Preises für ihre Ressource zu veranlassen oder zu zwingen. Bei der Suche nach Renten möchten alle Beteiligten Einkommenstransfers zu ihren Gunsten durchsetzen. Wo Verteilungskämpfe um so definierte Renten weit verbreitet sind, spricht man von der „Renten suchenden Gesellschaft", der Rent-Seeking Society.

Monopole und Monopolrenten sind ein einfaches Beispiel. Weil Monopolisten in der Regel versuchen, dadurch ihre Profite zu maximieren, dass sie geringere Mengen zu höheren Preisen anbieten, als sie es bei Wettbewerb tun würden, zahlen die Käufer zuviel und der Monopolist erhält eine Rente. Weil arme Monopolisten kaum vorstellbar sind, laufen Monopolrenten auf regressive Einkommenstransfers von ärmeren Konsumenten

---

117 Vgl. Bernholz und Breyer (1994, S. 194); Buchanan, Tollison and Tullock (1980); Tollison (1982, S. 577); Tullock (1993).

oder Käufern zu reicheren Monopolisten hinaus. Obwohl derartige Transfers ohnehin nicht zu rechtfertigen sind, schaffen Monopole – und die Suche nach Renten im Allgemeinen – noch schlimmere Probleme. Zumindest laufen reine Transfers nicht auf einen sozialen Verlust hinaus. Überhöhte Monopolpreise schaffen aber immer auch echte soziale Verluste. Einige Leute werden nämlich deswegen einen Wohlfahrtsverlust erleiden, ohne dass irgendjemand einen entsprechenden Gewinn hat. Diejenigen, die eine Ware gern zum Wettbewerbspreis kaufen würden, aber nicht mehr zum Monopolpreis kaufen wollen oder können, erleiden einen Wohlfahrtsverlust[118], von dem noch nicht einmal der Monopolist profitiert. Nicht-mehr-Käufer kann er nicht ausbeuten.

Weil Monopolprofite höher als gewöhnliche Profite sind, versuchen nutzenmaximierende Akteure, selbst Monopolisten zu werden und investieren zu diesem Zweck auch Ressourcen. Deshalb stehen zumindest einem Teil der Monopolrente Kosten für deren Erwerb gegenüber. Wenn Monopole überhöhte Profite abwerfen, dann ist aber zu erwarten, dass viele Möchtegern-Monopolisten Ressourcen in den Versuch investieren, ein Monopol zu erwerben. Diese Versuche verbrauchen zwar Ressourcen, teilweise neutralisieren sie einander aber. Auch der Monopolist, der sich am Ende durchgesetzt hat, hat nichts von den kostenwirksamen Investitionen seiner anfänglichen Konkurrenten – ganz im Gegenteil. Schon die bloße Hoffnung, ein Monopol zu bekommen, löst also ein Negativsummenspiel aus, in welchem Ressourcen von der Produktion zu teilweise fruchtlosen Versuchen umgelenkt werden, Monopolist zu werden.

Monopole und Monopolrenten können auf verschiedene Art zu Stande kommen. Natürliche Monopole entstehen dann,

---

118 Anders ausgedrückt: Die Konsumentenrente wird eliminiert. Die Rent-Seeking Society wird nicht durch die Existenz oder Verbreitung von Konsumentenrenten definiert. Im Gegenteil: Je mehr Rent-Seeking erfolgreich ist, desto weniger Konsumentenrenten gibt es.

wenn so genannte Skalenerträge dafür sorgen, dass innerhalb eines Gebietes auf Dauer nur ein Anbieter überlebt, wenn also der größte Anbieter dank niedriger Kosten alle anderen Anbieter aus dem Markt werfen kann. Mit natürlichen Monopolen werden wir uns nicht weiter beschäftigen, weil diese selten und mit säkular immer weiter sinkenden Transportkosten im Zeitalter der Globalisierung ein Problem von abnehmender Bedeutung sind. Man kann zwar auch politische Herrschaft oder die Produktion von Recht und Ordnung als natürliches Monopol auffassen, womit schon die realistische Befürchtung begründet wird, dass die Inhaber von Herrschaftsgewalt genau wie andere Monopolisten überhöhte Preise für dürftige Leistungen verlangen, aber diesen an sich interessanten Gedanken habe ich anderswo ausführlich behandelt[119] und will ihn hier noch nicht weiterverfolgen, sondern erst im Kapitel 5.2 wieder aufgreifen.

Monopole können auch innovationsbedingt sein, etwa Folge von patentierten Erfindungen. Solche Monopole kann man als gutartig betrachten. Denn die Monopolrente kann man dann als Kompensation für eine vergangene Leistung ansehen, sei es die Erfindung kostensenkender Produktionsverfahren oder die Entwicklung ganz neuer Produkte. Weil Patentschutz zeitlich begrenzt ist, weil auch Substitute alte Patente schon während ihrer Laufzeit entwerten können, ist eine innovationsbedingte Monopolrente in der Regel vorläufig und prekär. Sie muss durch einen Strom immer neuer Innovationen verteidigt werden oder sie verfällt.

Innovationsbedingte Monopolrenten verringern die Bedeutung von Preisen und Preiskämpfen. Sofern es wenige bedeutsame Produzenten eines Gutes gibt, also ein Oligopol vorhanden ist, kann es zu einer Art „Wettrüsten" unter den Produzenten kommen, bei dem Forschung und Entwicklung und daraus resultierende Innovationen als Waffe gegeneinander eingesetzt werden. Kein Teilnehmer des oligopolistischen Wettbewerbs

---

119 Vgl. Weede (2000).

kann sich nach *Baumol* diesem Zwang entziehen.[120] Zwar gibt es ab und zu „Waffenstillstände" zwischen den Produzenten, bei denen diese auf eine Steigerung der Forschungs- und Entwicklungsausgaben verzichten, aber solche Stillhalteabkommen werden immer dann verletzt, wenn irgendeine Erfindung besonderen wirtschaftlichen Wert zu haben verspricht und zusätzliche Investitionen zur schnellen Marktreife von Produkten oder Prozessen notwendig werden. Tendenziell steigen deshalb die Ausgaben für Forschung und Entwicklung. Das Innovationstempo beschleunigt sich. Die daraus resultierenden Innovationen im Transport- und Kommunikationssektor haben zur Zunahme des Welthandels, zur weiteren Verschärfung des Wettbewerbs und wiederum zur Verstärkung des Innovationsdrucks beigetragen – letztlich im Interesse der Konsumenten.

Monopole und Monopolrenten können aber auch das Resultat politischer Entscheidungen sein. Die Regierungen könnten viele Monopole auf eine Art wirksam zerschlagen, die mit freiheitlichen Prinzipien nicht nur kompatibel ist, sondern geradezu auf deren Durchsetzung beruht: durch die Abschaffung aller Zölle und sonstigen Handelshemmnisse. Bislang nationale Monopolisten müssten sich dann dem Wettbewerb stellen, wären also keine Monopolisten mehr. Die Preise könnten sinken, vom Monopol zerstörte Konsumentenrenten würden wieder entstehen. Mit *Eucken*[121] oder generell mit den Gründervätern der Marktwirtschaft in Nachkriegsdeutschland[122] könnte man deshalb die Wettbewerbspolitik bzw. den Kampf gegen Monopole und Kartelle zur Staatsaufgabe machen wollen. Nach *Bernholz* und *Breyer*, *Friedman* oder *Lal* ist der Staat allerdings eher die Wurzel des monopolistischen Übels als ein Mittel zu seiner

---

120 Vgl. Baumol (2002). Die Grundgedanken gehen schon auf Schumpeter (1950) zurück.
121 Vgl. Eucken (1955).
122 Vgl. Köster (2001).

Überwindung.[123] Denn Staaten bauen immer wieder Wettbewerbshindernisse auf, ob aus so genannten sozialen Gründen oder unter dem Vorwand des Verbraucherschutzes. Wer von der menschlichen Fehlbarkeit überzeugt ist, muss hier Staatsversagen sehen: wegen einer verfehlten Ordnungspolitik, die die Bedeutung von Wettbewerb, Eigentümer-Unternehmern und Mittelstand unterschätzt, außerdem weil jede Machtkonzentration zur Durchsetzbarkeit von großräumigen Fehlern beitragen muss.

4.2 Interessengruppen oder Verteilungskoalitionen

Nicht nur Monopolisten, sondern auch Kartelle können Renten beziehen. Oligopolen, das heißt wenigen marktbeherrschenden Unternehmen, fällt es relativ leicht, Kartelle zu bilden, die Wettbewerbsbeschränkungen wie Mindestpreise, Produktionsbeschränkungen oder Gebietsaufteilungen verabreden. Weil die Wettbewerbsbeschränkungen bzw. der daraus resultierende Preiserhöhungsspielraum Kollektivgüter sind, gibt es für die Mitglieder von Kartellen allerdings immer Anreize zum Trittbrettfahren, also zum Unterlaufen der Abmachungen. Sofern nicht der Staat das Kartell selbst schafft oder begünstigt, sind Kartellrenten also eine prekäre und oft instabile Angelegenheit. Die Hochpreispolitik der deutschen und europäischen Agrarbürokratien ist ein funktionales Äquivalent einer staatlich organisierten Kartellbildung in einem Sektor, wo die Vielzahl der Produzenten eine Kartellbildung ohne staatliche Hilfe unmöglich machen würde. Kürzlich hat der Economist[124] darauf verwiesen, dass die Durchschnittsfamilie in Europa dank dieser Politik circa 600 Euro im Jahr zusätzlich für Lebensmittel ausgeben muss. Dass diese Belastung von armen Familien nicht als „sozial" empfunden werden kann, scheint unsere Politiker nicht zu stören.

---

123 Vgl. Bernholz und Breyer (1994, S. 192), Friedman (1976, S. 170) oder Lal (1983/2002, S. 224).
124 Vgl. The Economist (2002a, S. 25).

Arbeitnehmerkartelle oder Gewerkschaften sind ein weiteres Beispiel dafür, dass knappe Ressourcen dafür verwendet werden, Transfers durchzusetzen, wobei die Summe aller Verlierer mehr verliert, als die Summe aller Gewinner gewinnt. Auch die Arbeiter wollen in ihrer Branche oder ihrem Betrieb mehr als anderswo verdienen. Weil die Arbeiter meist ärmer als die Arbeitgeber sind, sind Transfers vom Arbeitgeber zu seinen Arbeitnehmern progressive Umverteilung. Aber das ist nicht der einzige Effekt von relativ zum Wettbewerbspreis überhöhten Arbeitseinkommen. Wenn der Arbeitgeber überhöhte Löhne zahlen muss und seine Profite deshalb reduziert werden, wird er in der Regel weniger Arbeitsplätze anbieten, als er sonst im eigenen Profitinteresse anbieten würde. Diejenigen, die deshalb keinen Arbeitsplatz finden, erleiden einen Wohlfahrtsverlust.[125] Außerdem werden überhöhte Löhne auch Rückwirkungen auf die Produktpreise haben. Nicht immer werden die Käufer eines Produkts wohlhabender als die Arbeiter sein, die es hergestellt haben.

Um überhöhte Löhne durchzusetzen, müssen die Arbeiter Ressourcen investieren, das heißt sich organisieren, sich auf Streiks vorbereiten und sicherstellen, dass der Arbeitgeber nicht mit unorganisierten und bisher vielleicht arbeitslosen Kräften die Produktion aufrecht erhalten kann. Um sich gegen überhöhte Löhne und schrumpfende Profite zu wehren, werden die Arbeitgeber wahrscheinlich ebenfalls Ressourcen investieren, um die Bemühungen der Arbeiter und ihrer Gewerkschaften zunichte zu machen. Wer auch immer diesen Verteilungskampf gewinnt, einige Ressourcen werden einfach dabei verschwendet, die Auswirkungen des gegnerischen Ressourceneinsatzes zu neutralisieren.

Wenn deutsche Gewerkschaften in Tarifverhandlungen für die organisierte Arbeitnehmerschaft bei organisierten Arbeitgebern hohe Löhne – und vielleicht überhöhte bzw. zur Arbeitslo-

---

125 Vgl. Olson (1985, S. 264).

sigkeit beitragende Löhne – durchgesetzt haben, dann kann der Staat versuchen, die Tarifpartner vor den Folgen ihrer Abschlüsse zu schützen. Normalerweise könnten ja unorganisierte Arbeitgeber und unorganisierte Arbeitnehmer zu niedrigeren Kosten und Preisen Konkurrenzprodukte anbieten. In Deutschland aber kann der Arbeitsminister mit einer Allgemeinverbindlichkeitserklärung helfen.[126] Danach gelten die Tarifverträge auch dann, wenn weder die betroffenen Arbeitgeber noch die betroffenen Arbeitnehmer diesen zugestimmt haben. Die Institution der Allgemeinverbindlichkeitserklärung illustriert, dass es deutschen Politikern nichts ausmacht, gleichzeitig Freiheit und Effizienz zu missachten. Das ist für sie Alltag. Leider erschwert die Allgemeinverbindlichkeitserklärung die Korrektur „zu hoher Löhne". Vielleicht gehen Politiker davon aus, dass es zu hohe Löhne gar nicht geben kann, dass Korrekturbedarf nach unten einfach undenkbar ist. Der Präsident des Kieler Weltwirtschaftsinstituts *Siebert*[127] schätzte vor einiger Zeit – wie oben schon erwähnt – allerdings, dass ein Reallohnabschlag von 12 Prozent notwendig wäre, um die Zahl der Arbeitslosen zu halbieren, oder ein Abschlag von 24 Prozent, um Vollbeschäftigung zu erreichen.

Renten beruhen auf Wettbewerbsdefiziten. Diese Defizite sind meist nicht „natürlich" und allzu selten innovationsbedingt und vorläufig. Je stärker der Wettbewerb ist, desto mehr werden die Produzenten gezwungen, sich so zu verhalten, als ob sie an der Befriedigung der Bedürfnisse ihrer Mitmenschen interessiert wären. Im Gegensatz dazu erlauben Wettbewerbsdefizite den Produzenten, egoistisch zu sein, etwa schlechte Produkte zu höheren Preisen anzubieten, als es auf Wettbewerbsmärkten möglich wäre. Wettbewerbsdefizite sind in der Regel das Resultat politischer Entscheidungen oder politischer Unterlassungen, also von Staatsversagen. Die Wettbewerbsdefizite in der Rent-Seeking

---

126 Vgl. Müller-Vogg (1998, S. 87).
127 Vgl. Siebert (1998, S. 51–62).

Society werden gemacht. Sie ergeben sich oft aus dem Dirigismus der Politik.[128]

4.3 Die unrühmliche Rolle der Politik

Wettbewerb unter den Produzenten dient den Konsumenten. In seiner Eigenschaft als Konsument muss jeder rationale Eigennutzmaximierer Anhänger eines knallharten Wettbewerbs sein. Der Konsument kann im Bankrott zu teurer oder qualitativ minderwertiger Anbieter geradezu die Erfüllung der kapitalistischen Marktwirtschaft sehen. Aber rationale Eigennutzmaximierer sind nicht nur Konsumenten, sondern in ihrer Eigenschaft als Arbeitnehmer oder Kapitaleigner oder Manager auch Produzenten. Der Produzent – der Unterschied zwischen Kapitalisten und Proletariern spielt an dieser Stelle überhaupt keine Rolle, weil beide in einem Boot sitzen – aber kann dem Wettbewerb nicht unterworfen werden wollen. Wettbewerb raubt dem Management den Schlaf und gefährdet die Löhne oder Arbeitsplätze der Arbeitnehmer. Eigennützige Arbeitnehmer, Kapitaleigner und Manager werden also ein gemeinsames und starkes Interesse daran haben, dem Wettbewerb zu entkommen.

Die meisten Menschen sind gleichzeitig Produzenten und Konsumenten. Den Markt kann man als Instrument auffassen, das grundsätzlich den Konsumenteninteressen den Vorrang vor Produzenteninteressen einräumt.[129] In der Politik ist es umgekehrt. Hier setzt sich praktisch immer das Produzenteninteresse durch.[130] Dass das bei einer herrschenden Klasse traditionalistischer Großgrundbesitzer in Autokratien so ist, dürfte plausibel sein. Für westliche Demokratien dagegen ist diese These erläuterungsbedürftig. Die Produzenten fast aller Waren sind ja immer eine kleine Minderheit verglichen mit den Konsumenten. Es gibt

---

128 Vgl. Lal (1983/2002, S. 224).
129 Vgl. Seldon (1990, S. 83 und S. 119).
130 Vgl. Bernholz und Breyer (1994, S. 185).

viel mehr Menschen, die Nahrungsmittel essen, als solche, die sie erzeugen. Es gibt viel mehr Menschen, die Autos kaufen, als solche, die Autos bauen. Wie kann eine Regierung, die von Mehrheiten abwählbar ist, dennoch dazu neigen, die Minderheiten gegenüber den Mehrheiten systematisch zu bevorzugen? Auf den ersten Blick sollte man ja erwarten, dass nur politische Selbstmörder unter den demokratischen Politikern sich systematisch immer wieder der Minderheits- statt der Mehrheitsinteressen, der Produzenten- statt der Konsumenteninteressen annehmen.

Aber die meisten westlichen Regierungen verzichten nicht nur auf Maßnahmen, die die Suche nach Renten erschweren, sondern sie unterstützen sie sogar. Viele Monopole werden von Regierungen gewährt. Manche Regierungen helfen einigen Branchen, Erzeugerkartelle zu organisieren. Sie begünstigen die gewerkschaftliche Organisation der Arbeiter durch Gesetze oder die steuerliche Absetzbarkeit von Gewerkschaftsbeiträgen. Sie reglementieren und unterstützen die Landwirtschaft und überwinden dadurch weitgehend den Wettbewerb auf einem Markt, wo sonst alle Produzenten Wettbewerbspreise hinnehmen müssten. Vor allem schützt die Politik gern inländische Erzeuger vor ausländischen Konkurrenten. Die Ausländer zählen ja nicht bei der nächsten Wahl. Die inländischen Konsumenten leiden zwar auch, aber die Politiker dürfen hoffen, dass sie es nicht bemerken oder zumindest bei der nächsten Wahl nicht berücksichtigen.

Die Suche nach Renten ist notwendigerweise ein Versuch, Preisverzerrungen zu den eigenen Gunsten durchzusetzen. Der Schutz vor ausländischen Mitbewerbern, steuerliche Vergünstigungen, Subventionen und Regulierungen allgemein sind die Instrumente, besondere Ertragschancen oder Renten durchzusetzen. Unabhängig von den Verteilungswirkungen bedeutet eine hohe Regulierungsdichte zunächst einmal eine relative Begünstigung von Großunternehmen und eine Belastung des Mittelstands. Je größer ein Unternehmen ist, desto eher kann es sich eine umfangreiche Rechtsabteilung leisten und die Vielzahl der Verordnungen und Vorschriften von Aufsichtsbehörden und Wirtschaftsförderungsämtern kennen und beachten. Tendenziell betreibt ein interventionistischer Staat also eine Strukturpolitik zu Gunsten der Großen und gegen die Kleinen. Das ist aus mehreren Gründen problematisch. Erstens sind gerade die kleinen und mittleren Unternehmen die Basis oder Schule der freien Marktwirtschaft. Unternehmerische Freiheit, Leistungsbereitschaft und Verantwortung können dort von vielen Menschen gelernt und vorgelebt werden.[131] Zweitens sind kleine und mittlere Unternehmen von besonderer Bedeutung für den Arbeitsmarkt und die Beschäftigungschancen. Sie beschäftigen fast 70 Prozent der Arbeitnehmer und bilden 83 Prozent der Lehrlinge aus, obwohl ihr Beitrag zur Bruttowertschöpfung nur knapp 50 Prozent beträgt.[132] Drittens ist Regulierung der Teil der Staatstätigkeit, der mit Korruption korreliert: Je stärker die Regulierungsdichte von Gesellschaften ist, desto höher ist die Korruptionsanfälligkeit.[133] Dass die deutsche Regulierungsdichte außerdem Existenzgründungen wesentlich erschwert und abschreckt, hat Anfang 2003 zumindest Wirtschaftsminister *Clement* und damit hoffentlich auch die zweite Regierung *Schröder* eingesehen.[134]

Die so genannte Industriepolitik ist allzu oft nur ein Beitrag zur Suche nach Renten. Mitte der 1990er Jahre wurden in Deutschland circa 300 Milliarden DM pro Jahr an Subventionen gezahlt, wovon circa zwei Drittel private Unternehmen begünstigten. Diese Subventionen erhielten oft an sich unrentable Arbeitsplätze, etwa im deutschen Steinkohlebergbau. Auf dem Weltmarkt kostete die Tonne Kohle damals circa 85 DM, bei Förderung im Ruhrgebiet oder an der Saar mehr als das Dreifache. Diese Politik lief auf eine Subventionierung jedes Arbeits-

---

131 Vgl. Pejovich (2001, S. 28).
132 Vgl. Mihm (2003, S. 11).
133 Vgl. Graeff and Mehlkop (2002).
134 Vgl. Frankfurter Allgemeine Zeitung (2003b, S. 11).

platzes mit circa 120 000 DM pro Jahr hinaus.[135] Bemerkenswert dabei ist, dass die Vorteile für die Beschäftigten als Nutznießer der Subventionen unter den Kosten für die Steuerzahler lagen. Das ist typisch für den Kampf um Renten und dessen Folgen. Die Verlierer verlieren mehr als alle Gewinner zusammen gewinnen. Einige Ressourcen werden einfach verschwendet.

Den Zusammenhang von Industriepolitik und Suche nach Renten kann man mit *Siebert*[136] so beschreiben: „Zwangsläufig verschiebt die Industriepolitik das Anreizsystem einer Volkswirtschaft: Unternehmer, deren Aufgabe nach Schumpeter ist, neue Faktorkombinationen zu realisieren, setzen ihre Energie und ihre Ressourcen im politischen Raum ein, um günstige Regelungen für ihren Sektor zu erreichen und so Renten zu finden; aber diese Renten produzieren kein einziges Gut. Die strategische Industriepolitik (...) versandet im ‚Rentensuchen' (...) Industriepolitik beeinflusst mittelbar auch die Situation der Unternehmen, die nicht gefördert werden (...) Sie haben letztlich die Steuern mit aufzubringen, die erforderlich sind, um die Subventionen für die Großen zu finanzieren."

Woher rührt nun also der Hang zur Bevorzugung von Produzenten- gegenüber Konsumenteninteressen, der für Politiker so typisch ist? Die Neigung der Politik zur Regulierung und Begünstigung einiger Akteure ergibt sich aus dem unterschiedlichen Konzentrationsgrad der Interessen. Generell sind die Produzenteninteressen konzentriert und die Konsumenteninteressen breit gestreut. Die meisten Kapitaleigner oder Manager sind in einer oder wenigen Branchen engagiert. Als Arbeitnehmer backt man entweder Kuchen oder stellt Autos her oder repariert Schuhe oder versorgt Alte und Kranke. Das Produzenteninteresse konzentriert sich also auf eine Branche oder einen Betrieb und eine meist enge Dienstleistungs- oder

---

135 Vgl. Siebert (1998, S. 93–94). Geringfügig höher sind die Zahlen bei Müller-Vogg (1998, S. 19, 58).
136 Vgl. Siebert (1998, S. 94–95).

Produktpalette. Der Konsument dagegen erwirbt eine Vielzahl von Produkten von einer Vielzahl von Betrieben und Verkaufsstellen. Während der Produzent von Wettbewerbsbeschränkungen und dem daraus resultierenden Preiserhöhungsspielraum, der in der Regel Arbeitgebern und Arbeitnehmern zugute kommt, stark profitiert, wird der Konsument von jeder einzelnen Wettbewerbsbeschränkung und Preiserhöhung nur am Rande betroffen. Produzenten werden deshalb für die Durchsetzung von Wettbewerbsbeschränkungen kämpfen. Konsumenten werden ihnen kaum Widerstand leisten.

Mit dem Konzentrationsgrad der Interessen korrelieren der Organisationsgrad und der Informationsgrad der Interessenten. Die konzentrierten Produzenteninteressen charakterisieren Minderheiten, die diffusen Konsumenteninteressen aber Mehrheiten, oft überwältigende Mehrheiten. Aus Olsons[137] Logik des kollektiven Handelns wissen wir, dass es kleinen Gruppen leichter als großen Gruppen fällt, gemeinsame Interessen auch durchzusetzen bzw. sich zu organisieren.[138] Bauern und Handwerker[139], Fabrikanten und sogar Arbeitnehmer können leichter das Kollektivgut „Wettbewerbsbeschränkung und daraus resultierender Preiserhöhungsspielraum" durchsetzen als Konsumenten das Kollektivgut „Wettbewerb und Wettbewerbspreise" mit den daraus resultierenden Anreizen zur Preissenkung oder Qualitätsverbesserung. Die Produzenten sind in starken Verbänden,

---

137 Vgl. Olson (1968).

138 Oliver and Marwell (1988) haben allerdings aufgezeigt, dass Olsons These nur dann Geltung beanspruchen kann, wenn die Beschaffungskosten eines Kollektivguts mindestens proportional mit der Gruppengröße steigen. Bei Interessengruppen, Kartellen oder Verteilungskoalitionen dürfte das der Normalfall sein. Vgl. auch das 11. Kapitel in meinem Buch „Mensch und Gesellschaft" (Weede 1992).

139 Man kann im Erfordernis der Meisterprüfung eine Wettbewerbsschranke sehen.

Kartellen oder Gewerkschaften organisiert, die Konsumenten und die Steuerzahler so gut wie gar nicht.

Sowohl mit dem Konzentrationsgrad der Interessen als auch mit dem Organisationsgrad der Interessenten hängt der Informationsgrad der Interessenten zusammen. Personen, deren Interessen von politischen Maßnahmen zur Wettbewerbsbeschränkung oder – leider eher hypothetisch denkbar als praktisch relevant – zur Wettbewerbsförderung stark betroffen sind, werden sich eher informieren als Personen, deren Interessen nur am Rande betroffen sind. Neben dem Konzentrationsgrad der Interessen determiniert auch der Organisationsgrad den Informationsgrad der Interessenten. Denn Verbände vermitteln ihren Mitgliedern auch Informationen darüber, welche Parteien und Politiker sich für ihre spezifischen Interessen einsetzen. Wenn viele Produzenten organisiert und informiert sind, die Konsumenten und Steuerzahler aber nicht organisiert und informiert sind, dann ergibt sich daraus, welche Interessen in einer Demokratie eine gute Durchsetzungschance haben und welche nicht.

Ein Politiker, der wiedergewählt werden will, wird sich nicht für die Interessen der Konsumenten oder Steuerzahler einsetzen, sondern er wird sich freiwillig in die Gefangenschaft von Verteilungskoalitionen begeben[140], auf deren Betreiben hin Wettbewerbsbeschränkungen durchsetzen oder Subventionen verteilen und damit den Begünstigten Preiserhöhungsspielraum und Renteneinkommen im Sinne der oben gegebenen Definitionen gewähren. Die „rationale Ignoranz" der meisten Wähler ermöglicht und erzwingt sogar dieses Fehlverhalten der Politiker.

Ignoranz ist für die Mitglieder großer oder sehr großer Gruppen, zum Beispiel für die deutschen Wähler, rational, weil das Gewicht der eigenen Stimme so gering ist, dass die Informationskosten den erwarteten Nutzen aus informationsgeleitetem Handeln weit übersteigen. Die beste Illustration für das Ausmaß

---

140 Vgl. Bernholz (1977).

der rationalen Ignoranz in unserer Gesellschaft bieten Umfragen, wonach ein Fünftel bis ein Drittel der Erwerbstätigen die Höhe der Sozialbeiträge nicht kennt, große Teile der Bevölkerung die Beitragshöhe unterschätzen, aber die zu erwartenden Leistungen überschätzen und viele Rentenversicherte nicht einmal wissen, dass ihre Renten nicht aus den Erträgen von angespartem Kapital, sondern aus einer Umlage bei den künftig Beschäftigten finanziert werden soll.[141] Wenn in einer Frage, die als Beitragszahler und Rentner alle betrifft, so große Bevölkerungsteile so wenig wissen, dann können die Politiker sich auf die rationale Ignoranz der Wähler verlassen und uns heute ein besseres Leben auf Kosten der nächsten Generation versprechen. Nur bei rationaler Ignoranz kann man dann die Abweichung von der Generationengerechtigkeit sogar noch mit dem schönen Etikett der Solidarität bemänteln. Zumindest für die jüngeren Rentner könnte das allerdings mit einem bösen Erwachen enden. Denn warum sollte sich die jüngere Generation an einen „Generationenvertrag" gebunden fühlen, dem sie nie zugestimmt hat, der ihr hohe Beiträge und niedrige eigene Renten verspricht?

In der Rent-Seeking Society bemüht sich der Politiker nicht primär darum, Kollektivgüter für das ganze Volk zu beschaffen – wie die Aufrechterhaltung von Eigentumsrechten und einer Wettbewerbswirtschaft, die Bekämpfung der Kriminalität, die Erhaltung des inneren und äußeren Friedens, die Bewahrung oder Wiederherstellung einer sauberen Umwelt –, sondern er bemüht sich darum, relativ kleinen, aber organisierten und punktuell informierten Gruppen von Sonderinteressenten auf Kosten großer, unorganisierter und rational ignoranter Gruppen spezifische Vorteile zuzuschanzen. Politik und Staat werden gleichzeitig immer und überall aktiv – und schwach. Der Staat als „Anwalt der Interessen der Gesamtheit (...) und zwar der langfristigen" verflüchtigt sich, die Position der Politik als Handlan-

---

141 Vgl. Föste und Janßen (1997, S. 202 ff. und Anhang); Leinert (2002, Tabelle 15); Miegel (2002, S. 218).

ger von Interessengruppen verfestigt sich, die Soziale Marktwirtschaft wird vom Wohlfahrtsstaat abgelöst.[142]

Sogar die Tatsache, dass das ökonomische Menschenbild mit seiner Vorstellung vom rationalen Eigennutzmaximierer nicht ganz realistisch ist, hilft eher den Sonderinteressen als zur Durchsetzung von gemeinsamen ordnungspolitischen Interessen. Kürzlich hat *Besters*[143] darauf hingewiesen, „dass die vom Strukturwandel Betroffenen mit dem Mitgefühl breiter Bevölkerungsschichten rechnen: Die marktwirtschaftliche Ordnungspolitik appelliert an die menschliche Vernunft, die in der Blockierung des Strukturwandels eine Verschwendung von Ressourcen sieht. Demgegenüber stützen sich öffentliche Hilfen auf das Gebot der Humanität. Das Schicksal der im Wettbewerb Unterlegenen rührt den Beobachter; er kann sich mit den Betroffenen identifizieren und bekommt ein gutes Gewissen, wenn er die für erforderlich erachtete Unterstützung bejaht."

Wo konzentrierte Interessen bzw. Interessenten aus irgendwelchen Gründen nicht organisiert und informiert sind, also noch kein Druck zur Berücksichtigung von Sonderinteressen auf Politiker ausgeübt wird, kann es dennoch im Interesse mancher Politiker liegen, diese potenziellen Sonderinteressen zu wecken. *Bernholz* und *Breyer*[144] bemerken dazu: „Besonders bei unvollständiger Information der Wähler haben ‚politische Unternehmer' vor allem der Opposition großes Interesse daran, die Unzufriedenheit von Wählerschichten aufzuspüren, die sich durch den Marktprozess in ihrer Sicherheit bedroht fühlen oder die

---

142 Vgl. Tietmeyer (1999, S. 10, Zitat); ähnlich Grossekettler (1999). Persönlich habe ich Schwierigkeiten mit dem Begriff der Sozialen Marktwirtschaft. Wie Besters (2000, S. 21) sehe ich einen Zusammenhang zwischen dem Gedanken des sozialen Ausgleichs in der Sozialen Marktwirtschaft und der späteren interventionistischen Entwicklung. Das Ausmaß des erforderlichen oder wünschbaren sozialen Ausgleichs lässt sich einfach nicht bestimmen.
143 Vgl. Besters (2000, S. 25).
144 Vgl. Bernholz und Breyer (1994, S. 184).

seine Ergebnisse für ungerecht halten." Hat man solche Verlierer des Marktprozesses identifiziert, dann kann man sich ihnen als Retter anbieten und bei der nächsten Wahl auf Dankbarkeit für Subventionen, Handelshemmnisse oder Transferzahlungen hoffen. Anders ausgedrückt: Politiker können ein Interesse an der Delegitimation der Wettbewerbswirtschaft und des Leistungsprinzips haben.

Die Rent-Seeking Society ist kein spezifisch demokratisches Problem, obwohl die real existierenden Demokratien bei der Reduktion des Rent-Seeking wenig und nach *Olson*[145] zunehmend weniger leisten. In gewisser Weise existiert das Problem in allen Regimen, weil herrschende Minderheiten immer schweigende Mehrheiten belasten können. Schon vor Jahrhunderten haben europäische Könige gegen finanzielle Zuweisungen Zünften Monopolrechte verliehen. Geschäfte zwischen Minderheiten von Produzenten und Inhabern der Herrschaftsgewalt zu Lasten der konsumierenden Bevölkerungsmehrheit sind also weit älter als die Demokratie und nicht etwa eine demokratische Erfindung. Man kann sogar die Auffassung vertreten, dass die Demokratisierung die Kosten des Rent-Seeking erhöht und damit das Ausmaß desselben reduziert hat.[146]

Absolute Herrscher oder Diktatoren können die Kosten ihrer Entscheidungen ungehindert ihrer Bevölkerung anlasten. In Demokratien können nur unter der unrealistischen Annahme vollständig informierter Bürger Mehrheiten nicht mehr ohne ihre Zustimmung belastet werden. Tatsächlich ermöglicht die rationale Ignoranz der Masse der Wähler auch in der Demokratie noch die Belastung von Mehrheiten durch Minderheiten. Nach *Seldon*[147] unterscheiden sich Markt und Politik systematisch in der Begünstigung von verantwortlichem Handeln: „Der Marktprozess veranlasst typischerweise optimales individuelles Han-

---

145 Vgl. Olson (1985).
146 Vgl. Ekelund and Tollison (1981).
147 Vgl. Seldon (1990, S. 317, meine Übersetzung).

deln; der politische Prozess induziert unüberlegtes individuelles Handeln. Der Markt setzt verantwortliche Entscheidungen über Ausgaben durch, die die Kosten der Alternativen für einen selbst und die Opportunitätskosten der Ressourcen im Ganzen berücksichtigen. Politische Motivation verleitet zur Verantwortungslosigkeit, gefördert durch Unkenntnis der Kosten und des Nutzens politischer Maßnahmen, die durch Stimmen gestützt werden. In Legislativen entsteht Verantwortungslosigkeit durch kurzfristige Kalküle, die von den Wahldaten bestimmt werden."

Rent-Seeking hat es schon vor der Demokratie gegeben. Dieses Übel würde auch mit der Abschaffung der Demokratie nicht verschwinden. Aber in der Demokratie, die auf dem allgemeinen Wahlrecht aller Erwachsenen aufbaut, nimmt das Rent-Seeking eine andere Gestalt an als im Zeitalter absoluter Fürsten. Es äußert sich beispielsweise darin, dass 211 von 603 im Jahre 2002 gewählten Bundestagsabgeordneten Mitglied einer Gewerkschaft sind. Bei den Sozialdemokraten sind es sogar 186 von 251 Abgeordneten.[148] Obwohl auch Gewerkschaftsmitglieder Steuern zahlen, darf man bezweifeln, dass die Interessen der volkswirtschaftlich und fiskalisch ja nicht unwichtigen Steuerzahler in einem so zusammengesetzten Parlament überhaupt angemessen vertreten werden können. Politiker reden vom Sozialstaat oder Wohlfahrtsstaat, was sich nach einem ordnungspolitischen Versprechen oder einer Hoffnung anhört. Was geliefert wird, ist die Bedienung aller möglichen Sonderinteressen ohne Rücksicht auf die Anreizwirkungen, Innovationschancen oder Wachstum – und damit auf lange Sicht den Wohlstand. Was geliefert wird, das ist hektischer Interventionismus und die Expansion der Staatstätigkeit.

---

148 Vgl. Barbier (2002, S. 15).

5. Politisches Handeln

5.1 Wohlfahrtsverluste durch Besteuerung

Eines der wichtigsten Merkmale des Staates ist die Erhebung von Steuern. Die Erhebung von Steuern bedeutet nicht nur Umverteilung vom Steuerzahler zum Staat und vielleicht weiter vom Staat zu Bedürftigen. Zunächst einmal fallen dabei Verwaltungskosten an. Außerdem ist eine Beeinträchtigung der Freiheit der Steuerzahler nicht vermeidbar. Es kommt notwendigerweise auch zu Verlusten, von denen niemand etwas hat.[149] Im Allgemeinen steigt das Angebot von Gütern und Dienstleistungen mit dem Preis, während die Nachfrage bei steigendem Preis sinkt. Beim Gleichgewichtspreis entsprechen Angebot und Nachfrage einander. Einige Konsumenten wären aber bereit gewesen, mehr als diesen Gleichgewichtspreis zu bezahlen. Wenn man ein Gut oder eine Dienstleistung für weniger erwerben kann als sie einem wert ist, dann genießt man erhöhtes Wohlbefinden oder eine so genannte Konsumentenrente. Manche Anbieter wären auch bereit und in der Lage gewesen, günstiger als zum Gleichgewichtspreis zu liefern. Sie genießen ebenfalls erhöhtes Wohlbefinden oder eine Produzentenrente.

Dieses für einige Produzenten und einige Konsumenten erfreuliche Bild muss sich ändern, wenn der Staat mit seinen Steuerbeamten auftaucht. Erhebt der Staat beispielsweise eine Mehrwertsteuer beim Verkauf bzw. Kauf eines Gutes, so bekommt der Produzent und Verkäufer nur noch einen Teil des Geldes, das der Kunde oder Käufer zahlen muss. Ein anderer Teil des Geldes geht ja an das Finanzamt. Nur der Teil des Verkaufspreises, den er behalten darf, aber motiviert das Angebot des Produzenten und Verkäufers. Verglichen mit der steuerfreien Ausgangssituation des Gedankenexperiments muss also das Angebot sinken, denn niemand arbeitet dem Finanzamt zuliebe. Die Ware

---

149 Vgl. The Economist (1997).

kann nur von denen erworben werden, denen sie mindestens den Preis des Produzenten plus Mehrwertsteuer wert ist, damit also mehr als den Gleichgewichtspreis ohne Steuer.

Einige Anbieter können immer noch zu einem geringeren Preis liefern als dem Teil des Verkaufspreises, den sie nach Einführung der Steuer selbst erhalten. Deshalb gibt es immer noch Produzentenrenten, wenn auch geringere und bei weniger Produzenten als vor Einführung der Steuer. Weil einige Nachfrager immer noch bereit wären, mehr als den neuen Preis (einschließlich Steuer) zu zahlen, gibt es auch immer noch Konsumentenrenten, wenn auch geringere und bei weniger Konsumenten als vor Einführung der Steuer. Zum Teil sind die durch Einführung der Steuer entfallenen Produzenten- und Konsumentenrenten dem Fiskus, dem Staat und seiner Kasse, übertragen worden. Zum Teil sind diese so genannten Renten und das daraus resultierende Wohlbefinden aber einfach vernichtet worden.

Einige Güter und Dienstleistungen würden zwar zum Gleichgewichtspreis in einer steuerfreien Welt angeboten und nachgefragt, würden auch zu Konsumenten- und Produzentenrenten führen, aber die steuerbedingte Kluft zwischen dem Anbieterpreis (ohne Mehrwertsteuer) und dem Nachfragerpreis (mit Mehrwertsteuer) muss einige beiderseits vorteilhafte Geschäfte, Verkäufe bzw. Käufe, vereiteln. Obwohl wegen der Steuer einige Nicht-mehr-Anbieter und einige Nicht-mehr-Käufer Wohlfahrtsverluste hinnehmen müssen, entspricht diesen Verlusten kein fiskalischer Gewinn. Nicht getätigte Geschäfte kann auch der Staat nicht besteuern. Das Ausmaß dieser steuerbedingten Wohlfahrtsverluste, von denen noch nicht einmal der Staat etwas hat, steigt mit der Steuerlastquote.

Aus der Unvermeidbarkeit von sozialen Verlusten bei Besteuerung soll nicht abgeleitet werden, dass Staat und Besteuerung überflüssig sind. Denn die Eigentums- und Verfügungsrechte der Menschen und Unternehmen müssen definiert und garantiert werden. Die Einhaltung auch von freiwillig geschlossenen Verträgen muss überwacht werden. Recht und Ordnung lassen sich nicht kostenlos durchsetzen. Ohne Staat und Steuern sind die Menschen wehrlos organisierten Nachbarn ausgeliefert, die Steuern, Staat und Militär schon haben. Auch Umweltprobleme können in Industriegesellschaften Staatseingriffe sinnvoll machen. Das ändert aber nichts daran, dass selbst eine „kostenlose", weil ehrenamtliche Steuererhebung nicht nur Einkommensübertragungen vom Bürger zum Staat – und vielleicht weiter vom Staat zu Bedürftigen – bewirkt, sondern dass es immer zu Reibungsverlusten kommt, dass immer einige sonst mögliche und gegenseitig vorteilhafte Tauschgeschäfte unterbleiben.

Eine ähnliche Wirkung wie eine hohe Steuerlastquote hat auch der staatliche Bürokratisierungszwang bzw. die unentgoltene Verlagerung von Verwaltungsaufgaben auf die Unternehmen. Um seine Regelungen und seinen Steueranspruch durchzusetzen, zwingt der Staat die Unternehmen zu Formen der Dokumentation, Buchführung und Abrechnung, die vor allem bei Kleinbetrieben nicht immer in deren eigenem Interesse liegen müssen. Manchmal könnten ja informelle Aufzeichnungen zur Abwicklung der Geschäfte ausreichen. Für die Schweiz werden bei Klein- und Mittelbetrieben die Kosten bürokratiegerechter Aktenführung doppelt so hoch wie die dort anfallenden Steuerlasten geschätzt. In Deutschland betrugen nach einer Studie des Instituts für Mittelstandsforschung schon 1993 die Bürokratiekosten für diese Betriebe über 62 000 DM im Jahr.[150] Sogar Wirtschaftsminister *Clement* hat Anfang 2003 erkannt, dass die erzwungene Bürokratisierung ein wesentliches Hindernis für Existenzgründungen darstellt und Abhilfe versprochen.[151]

Seit *Adam Smith*[152] wissen wir, dass die Größe des Marktes das Ausmaß der Arbeitsteilung begrenzt. Das ist bedeutsam, weil Arbeitsteilung produktiv ist, wofür *Smith* Übung und daraus re-

---

150 Vgl. Moser (1991, S. 35) für die Schweiz und Blankart (2001, S. 137) für Deutschland.
151 Vgl. Frankfurter Allgemeine Zeitung (2003b, S. 11).
152 Vgl. Smith (1776/1990, S. 19).

sultierendes Geschick, Zeitersparnis, aber auch Innovationsneigung als Gründe anführt. Wer die Größe des Marktes begrenzt, reduziert notwendigerweise Arbeitsteilung und Verkehrswirtschaft, zwingt also die Menschen in relativ unproduktive Eigenarbeit. Am leichtesten ist das am Beispiel von Handwerkern verschiedener Berufe, aber ähnlicher Qualifikation und Löhne zu zeigen. Anstatt die eigene Arbeit gut zu machen und die Arbeitsleistung eines anderen Handwerkers dazu zu kaufen, wird mancher Handwerker beim Eigenheimbau auch die Arbeiten selbst erledigen, die er nur schlecht und recht hinbekommt. Denn das, was er einschließlich Steuern und Sozialabgaben für die Arbeitsstunde eines anderen bezahlen muss, kann er in einer Stunde selbst nie erarbeiten. In Deutschland kann der Handwerker sich schon freuen, wenn er nur zwei (statt drei) Stunden dafür arbeiten muss, um die Arbeitsstunde eines anderen Handwerkers finanzieren zu können.[153] Das gilt natürlich nicht nur für Handwerker, sondern auch für Ärzte, Anwälte und Journalisten. Wenn sie es können, sollten sie lieber ihre Steuererklärung selbst machen statt etwas mehr gegen Bezahlung für andere zu arbeiten, das zusätzliche Einkommen selbst zu versteuern und dann einen Steuerberater zu beauftragen. Denn den Steuerberater muss man ja aus dem Nettoeinkommen bezahlen. Der Steuerberater kalkuliert natürlich seine eigene Steuerbelastung wiederum ein.

Der Staat vermittelt Anreize entweder zur zwar legalen, aber wenig produktiven Eigenarbeit oder zur Abwanderung in die Schattenwirtschaft. Für die frühen 90-er Jahre des 20. Jahrhunderts schätzten *Schneider* und *Enste*[154] deren Anteil am Bruttoinlandsprodukt auf 10 bis 15 Prozent. Von Ende der 1970er bis Ende der 1990er Jahre hat sich der Anteil der in der Schattenwirtschaft tätigen Arbeitskräfte in Deutschland auf circa 22 Prozent annähernd verdoppelt. Die Politiker beklagen zwar einver-

---

153 Nach Siebert (2002, S. 12) erreicht der Grenzabgabensatz (Steuern und Sozialbeiträge) bei Durchschnittsverdienern schon 58 Prozent des Bruttoarbeitsentgelts, bei Alleinstehenden gar 67 Prozent.
154 Vgl. Schneider and Enste (1999, S. 17 und 22).

nehmlich das dynamische Wachstum der Schattenwirtschaft, vergessen aber, dass sie mit der Expansion des Steuer- und Abgabenstaates und der zunehmenden Regulierungsdichte selbst die Verantwortung dafür tragen.

5.2 Grundzüge einer wirtschaftsfördernden Politik

Aus der Perspektive normativer Theorie, die beschreiben will, was sein sollte, ist die Aufgabe der Politik klar. Die Politik sollte Kollektivgüter beschaffen, die allen Bürgern zugute kommen. Sie sollte – sofern vorhanden – äußere Feinde abschrecken oder das Land notfalls verteidigen, im Inneren Recht und Ordnung durchsetzen und die natürlichen Lebensgrundlagen der Gesellschaft bewahren. Die innere Ordnung sollte den Menschen Anreize vermitteln, ihr Wissen und Können zu nutzen und zu mehren und im Interesse der Mitmenschen einzusetzen. Das tut eine Ordnung, die auf Wettbewerbsmärkten und Privateigentum, auf Selbstbestimmung und Verantwortung, auf wirtschaftlicher Freiheit statt Planwirtschaft oder politischen Interventionismus aufbaut. Das wirft die Frage auf, unter welchen Bedingungen die Politik wachstumsfördernde Rahmenbedingungen setzt bzw. unter welchen Bedingungen sie die Menschen an der Verbesserung ihrer materiellen Lebensbedingungen hindert.

Nicht nur die Bürger, Produzenten oder Konsumenten, sondern auch die Politiker unterliegen Anreizen. So wie der Wettbewerb die Produzenten zur Produktverbesserung oder Kostensenkung antreibt, müssen auch die Politiker zur Verbesserung der Politik getrieben werden. Die Rivalität politischer Einheiten, die möglichst in größere Märkte und Kulturkreise eingebettet sein sollten, kann diesen Antrieb am besten vermitteln. Ansatzweise geht dieser Gedanke auf *Max Weber*[155] zurück, der in seiner Wirtschaftsgeschichte die Rivalität zwischen den Staaten zur Antriebskraft der kapitalistischen Entwicklung macht: „Die-

---

155 Vgl. Weber (1923/1981, S. 288–289).

ser Konkurrenzkampf schuf dem neuzeitlich-abendländischen Kapitalismus die größten Chancen. Der einzelne Staat musste um das freizügige Kapital konkurrieren, das ihm die Bedingungen vorschrieb, unter denen es ihm zur Macht verhelfen wollte. Aus dem notgedrungenen Bündnis des Staates mit dem Kapital ging der nationale Bürgerstand hervor, die Bourgeoisie im modernen Sinne des Wortes."

Jahrzehnte später ist derselbe Gedanke von dem australischen Wirtschaftshistoriker *Eric Jones*[156] in seiner vergleichenden Analyse Westeuropas und der asiatischen Hochkulturen aufgegriffen worden. Anfang der Neuzeit waren das kaiserliche China, Moghul-Indien und das Osmanische Reich technologisch, wirtschaftlich und wissenschaftlich Europa zumindest noch ebenbürtig. Aber in Asien gab es Großreiche. In Westeuropa dagegen herrschte politische Zersplitterung.[157] Selbst früh geeinte Nationalstaaten und europäische Großmächte wie Frankreich wären in weiten Teilen Asiens nur mit Provinzen und nicht mit Imperien vergleichbar gewesen. Der Unterschied zwischen den Großreichen Asiens und dem fragmentierten Europa hatte vor allem zwei Auswirkungen.

Erstens waren nur in Asien, aber nicht in Europa Fehlentscheidungen für ganze Zivilisationen denkbar. Dazu ein Beispiel: Im 15. Jahrhundert hatten chinesische Seefahrer den indischen Ozean bis zur afrikanischen Ostküste und den Westpazifik erkundet. Dann verbot der kaiserliche Hof den Überseehandel und den Bau hochseetüchtiger Schiffe. Die Chinesen vergaßen

---

156 Vgl. Jones (1981/1991).

157 Im Anschluss an Jones, aber stärker als er auch von Hayek und Weber inspiriert, habe ich das anderswo im Detail diskutiert (Weede 2000). Neben der zwischenstaatlichen Rivalität spielen dabei noch wichtige Rollen bei der Erklärung des europäischen Wunders: das Erbe des Feudalismus in Europa im Gegensatz zum Patrimonialismus Asiens (mit Ausnahme Japans), die Autonomie der europäischen Städte und die Vermeidung des Cäsaropapismus, d.h. der Fusion weltlicher und geistlicher Gewalten, in Europa.

bald, wie man solche Schiffe baut, und machten damit den Weg frei für die westliche Herrschaft über die Weltmeere. Weil es in Europa keine vergleichbare Machtkonzentration wie im chinesischen Kulturkreis gab, hätte kein europäischer Herrscher Fehlentscheidungen dieser Tragweite für Europa durchsetzen können.

Zweitens hat die politische Zersplitterung Europas zur relativ frühen Entstehung von relativ sicheren Eigentums- und Verfügungsrechten bei den Produzenten und Kaufleuten beigetragen. Kleinflächige Herrschaftsgebiete sind für Kaufleute umgehbar.[158] Selbst Bauern konnten aus kleinen Fürstentümern entlaufen, wenn die Herrschaft unerträglich wurde. Viele freie Städte boten Zuflucht. Die Rivalität der Fürsten untereinander hat diese gezwungen, die Eigentumsrechte der Händler und Produzenten gegen Zahlung regelmäßiger Abgaben oder Steuern zu respektieren. Wer das weniger als andere tat, wer durch besonders ausgeprägte konfiskatorische Neigungen die eigene Wirtschaft lahm legte, untergrub die Steuerkraft und auf lange Sicht auch die Fähigkeit zur bekanntlich immer schon teuren Landesverteidigung. Die Fragmentierung Europas hat also seine rivalisierenden Herrscher gezwungen, sich um die Verbesserung der wirtschaftlichen Rahmenbedingungen zumindest zu bemühen oder – anders ausgedrückt – Kollektivgüter zu beschaffen.[159]

Darüber hinaus trägt politische Fragmentierung auch zum politischen Fortschritt bei. Wo sich relativ kleine politische Einheiten in unmittelbarer Nachbarschaft befinden und miteinander Kontakt haben, liegt der Vergleich zwischen politischen Sys-

---

158 Daneben spielte auch die Tatsache eine Rolle, dass in Asien der Fernhandel mit Luxusgütern, in Europa der Handel mit Massengütern überwog. Vgl. dazu Jones (1981/1991) oder Weede (2000).

159 Die im Kapitel 1.2 oben diskutierte These Olsons (2000), wonach ortsfeste Banditen oder Fürsten zu Wohltätern ihrer Untertanen werden müssen – und zwar im eigenen Interesse – gilt m.E. am ehesten bei Rivalität politischer Systeme, wie in Europa.

temen nach ihrer Leistungsfähigkeit nahe. Dann wird es leichter als in Großgesellschaften mit wenig Außenkontakten – wie lange in China –, die Mängel des eigenen Staates und der eigenen Gesellschaft zu erkennen.[160] Gerade im Bereich der Politik ist der Weg von der Einsicht bis zur Umsetzung zwar oft weit, aber die Erkenntnis von Mängeln bleibt auch dort eine Voraussetzung für ihre Überwindung.

Man kann auch in der mittelalterlichen Rivalität zwischen Kaiser und Papst um die Vorherrschaft einen Aspekt der Fragmentierung von Herrschaft sehen. Eine Fusion, ein Cäsaropapismus, wurde dadurch vermieden. Außerdem hat die Kirche – zunächst beim kanonischen Recht – zu einer Rationalisierung des Rechts beigetragen[161] und damit zur Schaffung einer Voraussetzung für das Funktionieren des Kapitalismus.[162] Schon in der Übergangsphase von der Antike zum Mittelalter hat die Kirche außerdem zu einer Individualisierung des Eigentumsbegriffs beigetragen. Denn die Kirche bemühte sich immer um Erbschaften und hatte deshalb ein Interesse daran, zweite Ehen, Konkubinate, Adoptionen oder alles, was verwandte bzw. „natürliche" Erben produzierte, zu delegitimieren. Hinterbliebene sollten individuelle Eigentümer mit individuellen Verfügungsrechten sein, die nicht mit Angehörigen geteilt werden mussten, sondern im Interesse des persönlichen Seelenheils der Kirche vermacht werden konnten.[163] Außerdem hat auch die bloße Existenz von Kirchen- und Klostereigentum zur Sicherung von Eigentumsrechten vor Übergriffen weltlicher Herrschaft beigetragen. Die besondere Sündhaftigkeit von Übergriffen auf geistliches Eigentum war den Gläubigen evident. Das relativ hohe Maß an Si-

---

160 Vgl. Kammler (1990). Zu den Vorzügen der Systemrivalität im heutigen Europa vgl. Vaubel (2001).
161 Vgl. Berman (1983).
162 Vgl. Weber (1923/1981).
163 Vgl. Lal (2001, S. 208–209).

cherheit geistlicher Eigentumsrechte muss ein Modell für die Unantastbarkeit von Eigentum überhaupt abgegeben haben.

Während bei *Jones* die politische Rivalität noch in einem konkreten Erklärungszusammenhang, das heißt beim europäischen Wunder oder der erstmaligen Überwindung der Massenarmut auftaucht, wird bei *Weingast* eine allgemeinere und explizite Theorie des so genannten markterhaltenden Föderalismus entwickelt.[164] Diese Art des Föderalismus wird definiert als: Erstens eine Hierarchie von Regierungen, die auf jeden Fall lokale und zentrale, vielleicht auch noch regionale Gewalten umfassen muss, zweitens durch Autonomie der untergeordneten Regierungen, wobei die Respektierung der Autonomie „unten" im Eigeninteresse der übergeordneten Instanz liegt, drittens durch primäre Verantwortung unterer Instanzen für die Wirtschaft, viertens durch einen gemeinsamen Markt, dem sich die lokalen oder regionalen Regierungen nicht wirksam durch Abschottung entziehen können, fünftens durch harte Budgetschranken für die Regierungen der unteren Ebenen, damit diese keine Defizite über die Notenpresse finanzieren und die Folgen verfehlter Politik auf den Gesamtstaat abwälzen können. Bei dieser Erklärungsskizze für den markterhaltenden Föderalismus ist zu beachten, dass der Föderalismusbegriff sich am Systemwettbewerb in einem umfassenden Markt und nicht an juristischen Fiktionen orientiert, dass auch ein föderalistisches Selbstverständnis belanglos ist. Deshalb gelten nicht nur die Vereinigten Staaten des 19. Jahrhunderts, sondern auch das England des 18. Jahrhunderts oder die Volksrepublik China in den 1980er und 1990er Jahren des 20. Jahrhunderts als Fälle von markterhaltendem Föderalismus.[165]

---

164 Vgl. Jones (1981/1991) und Weingast (1995).

165 Wegen des Länderfinanzausgleichs und eines fehlenden Steuerwettbewerbs der deutschen Länder ist die Bundesrepublik trotz juristischer Fiktionen kein Fall von markterhaltendem Föderalismus. Zu den schädlichen Auswirkungen von Transfers zwischen verschiedenen Ebenen von Föderationen oder zwischen verschiede-

Zwischen Jones und Weingasts Thesen über die positiven Ordnungs- und Wachstumseffekte des politischen Wettbewerbs bestehen enge Beziehungen. Erstens kann der Wettbewerb zwischen den Staaten die Autonomie der Teilstaaten vor gesamtstaatlichen Übergriffen schützen. Mit *Hayek*[166] kann man hervorheben, dass die Freiheit immer „Nebenprodukt des Kampfes um Macht" und nicht etwa „das Ergebnis einer versuchten Zielsetzung" ist. Denn Machthaber haben nie ein Interesse an der Begrenzung ihrer Macht, was ja die Kehrseite der Freiheit der Bürger ist. Zweitens kann *Weingasts* gemeinsamer Markt auch durch Schmuggel und die Unfähigkeit der Regierungen, diesen zu unterbinden, hergestellt werden. Drittens ist das Element der Hierarchie der Regierungen, das nur bei Weingast auftaucht, aber nicht bei Jones, wohl entbehrlich, wenn es um die wachstumsfördernden Wirkungen der politischen Systemrivalität geht.

Die Rivalität politischer Systeme ist so wichtig, weil sie zur Beschränkung politischer Macht beiträgt. Warum diese Beschränkung so entscheidend ist, hat *Mises*[167] folgendermaßen erläutert: „Die menschliche Gesellschaft kann die Staatsorganisation nicht entbehren, aber aller Fortschritt der Menschheit hat sich gegen den Staat und seine Zwangsgewalt durchsetzen müssen." Dieser Grundgedanke beansprucht natürlich auch im vereinten Europa noch Gültigkeit.[168]

Wichtig an der politischen Systemrivalität bzw. der zwischenstaatlichen oder innerstaatlichen Standortkonkurrenz ist, dass die jedenfalls in Demokratien auch vorhandene Konkurrenz der Politiker um Stimmen ergänzt wird durch die Konkurrenz der Regionen und ihrer Regierungen um Steuerzahler, Investoren und mobile (oft hoch qualifizierte) Arbeitskräfte. Wer im Wettbewerb der Regionen bessere Ergebnisse als andere er-

---

nen Einheiten vgl. auch die ökonometrische Studie von Rodden and Wibbels (2002).

166 Vgl. von Hayek (1971, S. 195).
167 Vgl. von Mises (1927, S. 51).
168 Vgl. Vaubel (2001).

reichen will, muss die Eigentumsrechte der Tüchtigen achten. Da einige das immer etwas mehr als andere tun werden, da relativ erfolgreiche Regionalpolitiker auch eine verbesserte Wiederwahlchance haben, da sogar Politiker von einander lernen, kann regionale Systemkonkurrenz innerhalb eines föderalen Rahmens die Marktkräfte stärken und die politischen Angriffe auf Wettbewerbsmärkte begrenzen. Systemkonkurrenz kann Druck auf Politiker ausüben, als Nebenprodukt bei ihrem Streben nach Macht auch mal zur Beschaffung kollektiver Güter beizutragen. Bloße parteipolitische Konkurrenz im Einheitsstaat kann das nicht.

5.3 Ist begrenzte Staatstätigkeit noch möglich?

Während die Rivalität zwischen möglichst kleinflächigen politischen Einheiten zum Schutz der Menschen vor ihren Herrschern beiträgt, weil man der „eigenen" Regierung entkommen kann, ist die Suche des Staates nach Zustimmung der Beherrschten in der Wirkung recht problematisch. In Anlehnung an *de Jasay*[169] kann man davon ausgehen, dass der Staat sich entweder mit Drohungen und Repression oder dank der interessenbedingten Zustimmung der Beherrschten durchsetzt.[170] Ganz ohne Zustimmung kann es nirgendwo gehen, denn der Souverän benötigt zumindest die Zustimmung bzw. Komplizität eines Herrschaftsstabs.

Zustimmung ist käuflich und kann kurzfristig auch wieder entzogen werden. Herrschaft bei Zustimmung ist bequemer als Herrschaft mittels Gewalt und Repression. Nach *de Jasay*[171] neigt der Staat deshalb dazu, sich zunehmend von der Zustimmung

---

169 Vgl. de Jasay (1985).

170 Daneben verweist de Jasay darauf, dass auch Legitimität eine Rolle spielen könnte. Im Gegensatz zu Weber (1922/1964) hält de Jasay aber Legitimität für nicht leicht erreichbar, so dass die Politik in der Regel ohne auskommen muss.

171 Vgl. de Jasay (1985, S. 77).

immer breiterer Bevölkerungskreise abhängig zu machen. Wer mit Zustimmung herrschen will, benötigt Vergünstigungen und Privilegien für diejenigen, deren Gunst und Zustimmung er erwerben will. Die Ressourcen dafür müssen allerdings anderen Gesellschaftsmitgliedern genommen werden. Herrschaft mittels Zustimmung setzt deshalb einen Verteilungskampf und Verlierer dabei voraus. Daran ändert die Demokratie als Mehrheitsherrschaft relativ wenig, weshalb *Seldon*[172] sie auch als „potenzielle Tyrannei" bezeichnet.

Die demokratische Mehrheitsherrschaft beinhaltet die Abhängigkeit der Herrschenden von der Zustimmung der Beherrschten. Durch Eingriffe in die Eigentumsrechte der Bürger und in ihre Vertragsfreiheit kann der Staat umverteilen, sich dadurch Zustimmung und nebenbei einen immer stärkeren Verwaltungsapparat verschaffen, womit die Möglichkeit weiterer Staatseingriffe und Umverteilungsmaßnahmen vorbereitet wird. Auf den ersten Blick sieht es so aus, als ob sich durch eine egalitäre Umverteilung – von oben nach unten – mehr Zustimmung als mit anderen Formen der Umverteilung kaufen lässt. Das hat allerdings den oben schon diskutierten Preis der Entmutigung von wirtschaftlichem Erfolg und der Ermutigung von Untätigkeit und Bedürftigkeit durch Transfers. *De Jasay*[173] sieht deshalb auch eine gewisse Inkompatibilität von Demokratie und Kapitalismus: „Die Demokratie kann nicht ‚in den Kapitalismus eingebettet' sein. Sie tendiert dazu, ihn zu verschlingen."

Die Entwicklung der Staatsausgaben im 20. Jahrhundert ist mit dieser Befürchtung kompatibel. Nach *Tanzi* und *Schuknecht*[174] sind die Staatsausgabenquoten (relativ zum Bruttoinlandsprodukt) der jetzigen OECD-Länder von knapp 11 Prozent im Jahre 1870 auf 45 Prozent im Jahre 1996 gestiegen. Im Zeitverlauf war der Anstieg uneinheitlich. Von 1870 bis 1913 war er

---

172 Vgl. Seldon (1998/2002, S. 44, meine Übersetzung).
173 Vgl. de Jasay (1985, S. 132, Fußnote, meine Übersetzung).
174 Vgl. Tanzi and Schuknecht (2000, S. 6).

minimal. Unter dem Einfluss von zwei Weltkriegen und der Weltwirtschaftskrise dazwischen hatte sich die Staatsquote von 1913 bis 1960 gut verdoppelt, ist dann aber vor allem in den 1960er und 1970er Jahren weiter rasant gestiegen. Für den Anstieg von 28 auf knapp 42 Prozent in den 20 Jahren von 1960 bis 1980 können nicht Kriege und ähnliche Katastrophen, sondern nur staatsgläubige Ideen und Politiker verantwortlich gemacht werden – in Deutschland diejenigen, die das „Erbe" *Ludwig Erhards* heruntergewirtschaftet haben. In den 1960er und 1970er Jahren traute man dem Staat offensichtlich zu, alle sozialen Probleme lösen zu können. Dass Staatstätigkeit und Freiheitsbeschränkung notwendigerweise zwei Seiten einer Medaille sind, wurde schlicht vergessen.

Natürlich gab und gibt es beträchtliche Unterschiede im Ausmaß der Staatstätigkeit. Zur Zeit der Reichseinigung lag Deutschland noch geringfügig unter dem Durchschnitt, seit 1913 mit unschöner Regelmäßigkeit immer darüber. Die USA lagen regelmäßig unter den üblichen Staatsquoten, haben nur 1960 mit 27 Prozent fast den damals üblichen Stand von 28 Prozent erreicht, sich seitdem aber erfolgreich dem allgemeinen Trend zu ausufernder Staatstätigkeit widersetzt. 1996 lagen sie mit nur 32,4 Prozent weit unter den üblichen 45 Prozent.

Wenn man sich die Staatsausgaben genauer ansieht, wird klar, dass es primär die Transfers und Subventionen sind, die für die Ausgabenexplosion nach 1960 verantwortlich sind – und nicht etwa die Verteidigungslasten zur Zeit des Kalten Krieges. Von 1960 bis 1995 haben sich diese Lasten nämlich von 9,7 Prozent des Bruttoinlandsprodukts auf über 23,2 Prozent mehr als verdoppelt.[175] Auch bei den Bildungs- und Gesundheitsausgaben lässt sich eine ähnliche Dynamik feststellen. Gleichzeitig haben die öffentlichen Investitionen abgenommen und seit 1970 haben – wegen der unsolide oder kreditfinanzierten „Sozial"-Politik – die öffentlichen Zinszahlungen zugenommen. Schlim-

---

[175] Vgl. Tanzi and Schuknecht (2000, S. 31).

mer noch: Das Ausmaß der öffentlichen Verschuldung wird allgemein unterschätzt, weil nicht durch Rückstellungen gedeckte Renten- und Pensionsversprechungen nur „implizite" und keine „explizite" Staatsverschuldung darstellen. Je nach Bewertung der impliziten Staatsverschuldung wird diese im Mittel der westlichen Länder auf 66 bis 184 Prozent des Bruttoinlandsprodukts geschätzt[176], die zu den expliziten Staatsschulden zu addieren sind. Im deutschen Fall variieren die Schätzungen zwischen 111 und 160 Prozent. Deutschland bzw. seine Politiker sind beim Weg in die Staatsverschuldung also recht „mutig" gewesen – und gegenüber der Generation, die diese Schulden einmal erben soll, nicht gerade „sozial".[177] Der Vorwurf[178], dass in Mehrheitsdemokratien nach dem Motto „nach uns die Sintflut" entschieden wird, kann nicht leicht zurückgewiesen werden.

Der demokratische Zustimmungsstaat wird vielleicht oft, aber nicht notwendigerweise von oben nach unten umverteilen. Manche muss er enteignen, um die Ressourcen für die Belohnung anderer bzw. den Erwerb von deren Zustimmung zu erhalten. In einer Gesellschaft der Gleichen, wo jede Umverteilung nur Ungleichheit schaffen kann, müsste der Zustimmungsstaat dennoch umverteilen. In einem Gedankenexperiment hat *Usher* die Fähigkeit der Demokratie zur Lösung von Verteilungsfragen so analysiert: Man stelle sich eine Gesellschaft mit fünfzehn Erwachsenen vor, in der wegen ihrer geringen Größe alle Repräsentationsprobleme entfallen, in der das Volkseinkommen wie Manna vom Himmel fällt, womit auch die Notwendigkeit von Arbeitsanreizen entfällt, so dass alle Vollzeitpolitiker werden

---

176 Vgl. Tanzi and Schuknecht (2000, S. 68).

177 Miegel (2002, S. 250) schätzt sogar, dass die nicht kapitalgedeckten Versprechungen des Sozialstaates viermal so hoch wie die expliziten Staatsschulden sind. Zusammen entsprächen dann die expliziten und impliziten Staatsschulden dem dreifachen Bruttoinlandsprodukt.

178 Vgl. Seldon (1998/2002, S. 55, meine Übersetzung).

können.[179] Das sieht nach idealen Existenzvoraussetzungen für eine Demokratie aus. Aber mit dem Mehrheitsprinzip kann noch nicht einmal die einfache Aufgabe, das Volkseinkommen von 300 000 Dollar zu verteilen, stabil und gerecht gelöst werden. Denkbar wäre es natürlich, diese Summe durch 15 zu teilen und jedem 20 000 Dollar zuzuweisen. Aber mindestens ein Eigennutzmaximierer wird erkennen, dass acht Personen eine Mehrheit unter fünfzehn bilden, jedem 37 500 Dollar zuweisen und die anderen Sieben enteignen können. Dieses Ergebnis ist offensichtlich nicht egalitär und mit keinem mir bekannten Gerechtigkeitskriterium kompatibel. Das Ergebnis ist noch nicht einmal stabil. Denn mindestens ein Mitglied der enteigneten Sieben wird erkennen, dass man eine neue Mehrheit bilden kann, indem man ein Mitglied aus der alten Mehrheit herauskauft, zum Beispiel durch das Versprechen von 90 000 Dollar. Wieder ist das Ergebnis weder egalitär noch in irgendeinem Sinne „gerecht". Natürlich ist auch dieses Ergebnis nicht stabil. Unter Eigennutzmaximierern kann das gegenseitige Enteignungsspiel kein Ende haben.

Um das Spiel zu beenden, benötigt man nicht demokratische, sondern begrenzte Herrschaft. In einer realen Volkswirtschaft, in der der Wohlstand erarbeitet werden muss, muss die begrenzte Herrschaft die Selbstbestimmungsrechte und Eigentumsrechte der Menschen respektieren. Anders ausgedrückt: Man muss die Selbstbestimmungsrechte vor den Einmischungs- und Mitbestimmungsrechten der anderen schützen. Der Gestaltungsspielraum der Politiker muss begrenzt werden, damit der der Bürger erhalten bleibt. Nur so werden falsche Anreizstrukturen beseitigt und gleichzeitig die Probleme gelöst, die sich aus der Begrenztheit und Fehleranfälligkeit menschlichen Wissens ergeben.

Die Einsicht in die Notwendigkeit der Begrenzung politischer Macht zwecks Erhaltung der Freiheit ist zwar alt, scheint aber immer wieder in Vergessenheit zu geraten. Vielleicht hilft

---

[179] Vgl. Usher (1981)

dagegen eine besonders klare Formulierung von *Ludwig von Mises*:[180] „Eine liberale Regierung ist eine Contradictio in adjecto (ein Widerspruch in sich, E. W.). Regierungen müssen zum Liberalismus durch die Macht der einmütigen Volksüberzeugung gezwungen werden; darauf, dass sie freiwillig liberal sein können, ist nicht zu rechnen." Die (im 2. Kapitel behandelten) Interessenkonflikte zwischen Auftraggebern – das heißt in der Demokratie letztlich: dem Volk – und Auftragnehmern – das heißt den Repräsentanten und Regierungen – führen allein schon dazu, dass Regierungen dazu neigen, die Freiheit einzuschränken oder die Gesellschaft zu gestalten – was ja auf dasselbe hinausläuft.

5.4 Willkürliche statt egalisierende Umverteilung

De Jasay[181] hat auf die Notwendigkeit verwiesen, Zustimmung durch Privilegien zu erkaufen. Das bringt ihn zumindest in die Nähe der unter Soziologen und Politikwissenschaftlern dominanten Ansicht, die Demokratie habe eine egalisierende Auswirkung auf die Einkommensverteilung.[182] Indem die Demokratie allen Erwachsenen gleiches Stimmrecht gewährt, erlaubt sie der Mehrheit derer, die auf dem Markt nur bescheidene Arbeitseinkommen erreichen, auf politischem Wege eine egalitäre Korrektur der Einkommensverteilung durchzusetzen. Nach dieser Auffassung schaden Politiker sich selbst, wenn sie darauf verzichten, der Mehrheit eine Korrektur der Einkommensverteilung in Aussicht zu stellen. Wer darauf verzichtet, mindert nur seine Wahlchancen. Implizit wird hier allerdings unterstellt, dass aus dem formal gleichen Gewicht aller Stimmen auch gleicher politischer Einfluss resultiert. Das kann nicht immer richtig sein, denn in westlichen Industriegesellschaften – in Deutschland und in der

---

180 Vgl. von Mises (1927, S. 60).
181 Vgl. de Jasay (1985).
182 Vgl. z.B. Lenski (1973); Muller (1988).

Europäischen Union, in den USA, der Schweiz, Norwegen oder Japan – wird überall eine Agrarpolitik betrieben, die eine nirgendwo auch nur noch die 10-Prozent-Schwelle überschreitende Minderheit der Bauern gegenüber massiven Mehrheiten von Nahrungsmittelkonsumenten und Steuerzahlern begünstigt. Dieses Beispiel illustriert, dass sich auch in der Demokratie sogar recht kleine Minderheiten durchsetzen können.

Zu den Opfern der Rent-Seeking Society können nicht nur Mehrheiten oder Minderheiten, sondern auch Logik oder Konsistenz der Politik gehören. Damit, dass jeder eine Wohnung braucht, haben viele deutsche Regierungen Eingriffe in den Wohnungsmarkt zu Lasten von Eigentümern und Vermietern begründet. Damit die Mieten niedrig bleiben, wurden manche (bevorzugt immobile) Mieter vor den Marktkräften geschützt. Die – für einige Mieter – künstlich niedrig gehaltenen Mieten senken notwendigerweise das Angebot bei gleichzeitig steigender Nachfrage. Periodisch und vor allem in Ballungsräumen ist es deshalb für Mieter, die aus beruflichen Gründen mobil sind, phasenweise schwer eine Mietwohnung zu finden. Wenn die Regierungen sich für niedrige Mieten zuständig fühlen, weil jeder eine Wohnung braucht, ist allerdings unverständlich, warum sich dieselben Regierungen für hohe Agrarpreise zuständig fühlen oder gefühlt haben. Schließlich braucht auch jeder etwas zu essen. Nicht Logik oder „Gerechtigkeit", sondern nur die Stärke der Bauern-Lobby – im Gegensatz zur Vermieter-Lobby – kann diesen politischen Kontrast erklären.

Ein anderes Beispiel betrifft die Beitragserhebung der Gesetzlichen Krankenversicherung.[183] Wenn eine Familie ein monatliches Einkommen in Höhe der doppelten Beitragsbemessungsgrenze erreicht, dann hängt der Beitragssatz wesentlich davon ab, ob eine Person das allein verdient oder zwei Personen je zur Hälfte. Im ersten Fall wird der Beitragssatz der Familie nur halb so hoch wie im zweiten Fall liegen. Weder Logik noch ir-

---

[183] Vgl. Oberender und Fleischmann (2002, S. 70).

gendwelche Gerechtigkeitsideale können das begründen. Solche Missstände dokumentieren nur die Überforderung einer Allzuständigkeit beanspruchenden Politik und deren willkürliche Konsequenzen.

In der demokratischen Rent-Seeking Society wird nicht nur die Politik unlogisch und widersprüchlich. *Seldon*[184] hat darauf hingewiesen, dass wir alle dazu verführt werden, unsere eigenen langfristigen Interessen der Jagd nach kurzfristigen Vorteilen zu opfern. Kurzfristig müssen wir als Produzenten daran interessiert sein, dem Wettbewerb zu entkommen. Langfristig müssen wir als Konsumenten daran interessiert sein, den Wettbewerb zu erhalten, um die Wahl zwischen vielen Anbietern zu haben und gut versorgt zu werden. Weil kurzfristige und Produzenteninteressen sich leichter als langfristige und Konsumenteninteressen durchsetzen lassen, werden die langfristigen Interessen faktisch geopfert.

Für ungleiche Durchsetzungschancen der Menschen trotz formal gleichwertiger Stimmen gibt es drei (im Kapitel 4.3 bereits erwähnte) Gründe: den unterschiedlichen Konzentrationsgrad der Interessen, den unterschiedlichen Organisationsgrad der Interessenten und den unterschiedlichen Informationsgrad der Wähler. Zunächst zum Konzentrationsgrad: Nur wer über eindeutige, auf ein Ziel konzentrierte Interessen verfügt, ist in der Lage, seine Stimme gezielt einzusetzen. Diejenigen, die an einer Vielzahl von disparaten Zielen annähernd gleich stark interessiert sind, können das nicht. Produzenten haben in der Regel stark konzentrierte Interessen. Ihr Lohn oder Einkommen, Profit oder Lebensstandard hängt stark davon ab, ob hohe Preise für ihre Produkte erzielt werden können. Deshalb versuchen sie, politischen Druck auszuüben, damit konkurrierenden ausländischen Produkten der Marktzugang versperrt wird, damit der Staat Aufkaufpreise garantiert, die über dem Weltmarktpreis lie-

---

184 Vgl. Seldon (1998/2002, S. 45).

gen, damit der Staat die Produktion subventioniert, damit die Erträge ihrer Tätigkeit steuerlich begünstigt werden.

Bei den Konsumenten sieht es ganz anders aus. Sie sind an niedrigen statt an hohen Preisen interessiert. Aber ihre Interessen sind diffus, weil Konsumenten nur einen Bruchteil ihres Einkommens für jede Güterklasse, beispielsweise Nahrung, Kleidung, Wohnung, Auto, ausgeben. Eine mögliche Preissenkung, etwa durch Abbau von Handelsschranken, würde vom typischen Konsumenten nur am Rande bemerkt werden. Kaum ein Konsument wird sein Abstimmungsverhalten davon abhängig machen, ob Bier, Fernseher oder Schuhe billiger oder teurer werden. Wenn die Produzenten wegen ihrer konzentrierten Interessen die relevante Politik schärfer als die Konsumenten beobachten, wenn nur die Produzenten, nicht aber die Konsumenten die Politiker sanktionieren, dann resultiert daraus die Überlebensregel für Politiker, wonach sie Konsumenteninteressen ungestraft vernachlässigen dürfen – wie seit Jahrzehnten in der deutschen und europäischen Agrarpolitik geschehen.

Neben dem Konzentrationsgrad von Interessen spielt auch der Organisationsgrad bzw. die Fähigkeit zum Rent-Seeking eine Rolle. Wo wenige Unternehmen eine Branche beherrschen, fällt es ihnen relativ leicht, Mengenbeschränkungen zu verabreden und durchzusetzen und damit Preiserhöhungsspielraum zu schaffen. Je größer die Gruppe ist, desto schwieriger wird es, Verabredungen zu treffen, ihre Einhaltung zu überwachen und Abweichungen zu sanktionieren. Kleinen, privilegierten und elitären Gruppen fällt es in der Regel am leichtesten, sich zu organisieren.

Sind Interessengruppen einmal organisiert, dann liegt es für die Vorsitzenden der Interessengruppen und die Parteipolitiker nahe, miteinander Absprachen zu treffen. Die Interessengruppen fordern Vergünstigungen für ihre Mitglieder. Manche Politiker machen sich diese Forderungen zu Eigen, damit die Interessengruppen bzw. deren Mitglieder genau diese Politiker bei der nächsten Wahl unterstützten. Faktisch werden damit Politiker zu Gefangenen von Sonderinteressen.[185] Aber wer sich weigert, organisierten Sonderinteressen zu dienen, reduziert damit seine Wahlchancen und seinen politischen Einfluss.

Wähler unterscheiden sich auch im Informationsgrad. Nur diejenigen, die überhaupt bemerken, wie die Politik ihre Einkommensverhältnisse beeinflusst, können die Politiker bei der nächsten Wahl sanktionieren. Das setzt ein Minimum an politischen Informationen voraus. Rationalerweise werden vor allem Menschen mit konzentrierten Interessen solche Informationen erwerben. Den Mitgliedern organisierter Interessen werden solche Informationen von ihrem Verband oft mitgeteilt. Konzentrationsgrad und Organisationsgrad von Interessen tragen also zum Informationsgrad bei. Darüber hinaus gilt, dass bei manchen, in der Regel qualifizierten und gut bezahlten Berufstätigkeiten wirtschaftspolitisch relevante Informationen nebenbei anfallen, bei schlecht bezahlten Tätigkeiten kaum. Der Steuerberater dürfte in der Regel besser als seine Putzfrau informiert sein.

Diese These geht natürlich auf *Olson*[186] und seine Theorie über den Niedergang von Nationen bzw. Volkswirtschaften zurück. Er vertritt die Auffassung, „dass die Fähigkeit zu kollektivem Handeln positiv mit Einkommen und gesellschaftlicher Position korreliert ist", dass deshalb auch in der Demokratie „der größte Teil der durch Lobbytätigkeit gegenüber dem Staat oder durch Kartelle erwirkten Einkommensverteilung nicht eine Umverteilung zu den Armen ist." Wenn die Umverteilung in der Demokratie nicht den Armen zugute kommt, dann ist es denkbar, dass sich konzentrierte, organisierte und informierte und allzu oft ohnehin privilegierte Interessenten auf Kosten der Allgemeinheit durchsetzen, dann müssten alte Demokratien, wo schon lange demokratische Umverteilungsprozesse stattfinden, besonders ungleiche Einkommensverteilungen haben. In empi-

---

185 Vgl. Bernholz (1977).
186 Vgl. Olson (1985, S. 229–230; 1991, S. 69, 78).

rischen Studien[187] lässt sich genau das zeigen. Etwa 1980 betrug der Einkommensanteil des ärmsten Fünftels der Bevölkerung in den fünf ältesten Demokratien im Durchschnitt nur 5,5 Prozent des Volkseinkommens, in den acht jüngsten Demokratien immerhin circa 7 Prozent. Bei dem reichsten Fünftel aber war es umgekehrt. In den fünf ältesten Demokratien lag der Einkommensanteil der Reichsten bei 42 Prozent, in den acht jüngsten nur bei 39 Prozent. Diese Zahlen sprechen nicht gerade dafür, dass die Politik in westlichen Demokratien auf lange Sicht egalitäre Verteilungsziele erreicht hat oder erreichen kann. Der Befund ist stattdessen mit der Hypothese kompatibel, dass die Politik sogar in der Demokratie nicht etwa Ungleichheiten der Marktresultate abbaut, sondern möglicherweise zusätzliche Ungleichheiten draufsattelt. *Ludwig Erhard*[188] ist kein Befürworter einer derartigen Politik gewesen, er hatte 1950 vor dem Bundestag die Auffassung vertreten, „dass es nur eine gerechte Verteilung gibt, und das ist die, die durch die Funktion des Marktes erreicht wird."

Auch *Tanzi* and *Schuknecht*[189] haben festgestellt, dass staatliche Umverteilung kaum den Bedürftigen zugute kommt. In westlichen Ländern ist es üblich, dass fast 27 Prozent der Transfers an das ärmste Fünftel gehen, 57 Prozent an die mittleren drei Fünftel und gut 16 Prozent an das wohlhabendste Fünftel. Die deutsche Umverteilungspolitik erreichte (in der Mitte der 1980er Jahre) allerdings noch nicht einmal diesen dürftigen Erfolgsstandard. Denn in Deutschland erhielten die ärmsten 20 Prozent nur knapp 22 Prozent der Transfers, die reichsten 20 Prozent immerhin noch gut 18 Prozent, während die mittleren drei Fünftel fast genau 60 Prozent bekamen. Die so definierte Mittelschicht hat also vor allem Reglementierung, Bürokratie

---

187 Vgl. Zusammenfassung in Weede (1992, S. 223).
188 Vgl. Habermann (2000, S. 38).
189 Vgl. Tanzi and Schuknecht (2000, S. 96).

und Freiheitsbeschränkungen „gewonnen". *Ludwig Erhard*[190] hat das immer schon gewusst, 1958 hat er in der „Zeit" Folgendes geschrieben: „Es herrscht die individuelle Freiheit und dies umso mehr, je weniger der Staat sich anmaßt, den einzelnen Staatsbürger zu gängeln oder sich gar zu seinem Schutzherrn aufspielen zu wollen. Solche ‚Wohltat' muss das Volk immer teuer bezahlen, weil kein Staat seinen Bürgern mehr geben kann, als er ihnen vorher abgenommen hat – und das noch abzüglich der Kosten einer zwangsläufig immer mehr zum Selbstzweck ausartenden Sozialbürokratie. Nichts ist darum in der Regel unsozialer als der so genannte ‚Wohlfahrtsstaat', der die menschliche Verantwortung erschlaffen und die individuelle Leistung absinken lässt."

Die Umverteilungserfolge des Wohlfahrtsstaates von oben nach unten sind bescheiden. Aber die beim Versuch der Umverteilung angerichteten Schäden sind dafür umso eindrucksvoller. Wer von oben nach unten umverteilt, kann es gar nicht vermeiden, wirtschaftlichen Erfolg durch höhere Steuern und Sozialabgaben zu bestrafen und Misserfolg durch niedrige Steuern und Abgaben, Arbeitslosengeld oder Sozialhilfe zu belohnen. Das muss sowohl bei den Leistungsträgern als auch bei den Begünstigten staatlicher Leistungen die Arbeitsmoral untergraben.

Soweit die Umverteilung nicht von oben nach unten, sondern von der rechten in die linke Tasche derselben Menschen geht – also dieselben Personen mal Begünstigte von Umverteilungsmaßnahmen sind, mal zu deren Finanzierung beitragen müssen – bedeutet Umverteilung im Kern die Beschneidung der Freiheit des Einzelnen und das Wuchern einer staatlichen Bürokratie. Dabei müssen Menschen produktiver Tätigkeit entzogen werden. Sie stellen dann nicht mehr Güter und Dienstleistungen für andere her, sondern sie kommandieren sie herum. Das wiederum vermittelt Anreize, selbst Kommandeur zu werden oder sich zumindest im Verteilungskampf zu engagieren, um etwas

---

190 Vgl. Habermann (2000, S. 106).

mehr staatliche Vergünstigungen als andere für etwas weniger eigene Beiträge zu erhalten. Im Gesellschaftsvergleich bewirken die an hohen Staatsquoten und hohen Sozialtransferquoten ablesbaren Versuche, „Verteilungsgerechtigkeit" herzustellen, deshalb auch nur, dass mit einem zunehmend interventionistischen Staat die Volkswirtschaft langsamer wächst.[191] Nicht das tatsächlich erreichte bescheidene Umverteilungsergebnis ist das Problem, sondern die dabei „nebenbei" bewirkte Beschränkung der wirtschaftlichen Freiheit und die daraus resultierenden Wachstumsdefizite und Wohlstandsverluste sind das Problem.

Die staatliche Neigung zur Umverteilung kann in der Regel nicht als Korrektur des Marktversagens erklärt werden. Dazu sind staatliche Eingriffe allzu oft selbst die Ursache von Marktversagen, wie zum Beispiel auf den kontinentaleuropäischen Arbeitsmärkten zu beobachten ist. Stattdessen sollte man die Umverteilungsneigung durch das Bemühen um Legitimität und Zustimmung von unten erklären. *Miegel*[192] hat in diesem Zusammenhang folgende Frage aufgeworfen: „Ist in der Demokratie Herrschaft ohne Geschenke, ohne sozialstaatliche Wohlstandsillusion möglich?" Vermutlich muss diese Frage mit „nein" beantwortet werden, womit der Demokratie selbstzerstörerische Tendenzen attestiert werden müssen.

Im Westen neigen viele Menschen dazu, keinen Unterschied zwischen einer demokratischen und einer freiheitlichen Ordnung zu machen. Wie *Hayek*[193] oder kürzlich wieder *Schwarz*[194] gezeigt haben, hat „der Liberalismus die Beschränkung der Zwangsgewalt jeder Regierung zum Ziel (...) Dem Liberalen kommt es nämlich vor allem auf den Inhalt der Gesetze an, dem Demokraten auf die Art und Weise, wie diese zu Stande

---

191 Vgl. Barro and Sala-i-Martin (1995); Barro (2000); Bernholz (1986); Weede (1996).
192 Vgl. Miegel (2001, S. 135).
193 Vgl. von Hayek (1971).
194 Vgl. Schwarz (2001b, S. 188–189).

kommen." Wer berücksichtigt, dass Menschen sich irren können, deshalb punktuelle und individuell zu verantwortende Fehler den großflächigen und schwer korrigierbaren Fehlern der jeweils Herrschenden vorzieht, muss in der Beschränkung staatlicher Gewalt ein noch bedeutsameres Merkmal einer guten Gesellschaft als in der Demokratie selbst sehen.[195] Es spricht allerdings nichts gegen eine Gesellschaftsordnung, in der der demokratische Mechanismus der potenziellen Abwahl der Regierenden in regelmäßigen Abständen einer von vielen Mechanismen der Fehlerkorrektur darstellt. Der Markt zwingt die Wettbewerber laufend zur Korrektur von Fehleinschätzungen. Grobe Fehlallokationen werden durch Bankrott überwunden. Das Fehlerkorrekturpotenzial der Demokratie wird am deutlichsten, wenn man in ihr weniger eine Legitimationsbasis als vielmehr einen friedlichen Mechanismus zur Ablösung ungeeigneten Führungspersonals sieht.

---

195 Üblicherweise wird im sozialwissenschaftlichen Denken eher ein Zusammenhang zwischen Gleichheit und Demokratie als zwischen menschlicher Fehlbarkeit und Demokratie hergestellt. Mit Lal (2001, S. 217-219) halte ich Gleichheit nicht für einen universalen Wert. Er ist weder in Indien noch in China selbstverständlich. Vgl. Kapitel IVa und VIa in Weede (2000). Außerdem hat der Wert der Gleichheit oft problematische Konsequenzen für die Wirtschaft.

6. Standortwettbewerb und Globalisierung

6.1 Die weltweite Arbeitsteilung und ihre Folgen

Nach *Adam Smith*[196] begrenzt die Größe des Marktes das Ausmaß der Arbeitsteilung. Weil Arbeitsteilung Produktivitätsgewinne erlaubt, können ein globaler Markt und globale Arbeitsteilung die weltweite Produktivität und den Wohlstand der Menschheit steigern. In der zweiten Hälfte des 20. Jahrhunderts ist die Globalisierung durch zwei Entwicklungen gefördert worden. Erstens sind die Kommunikations- und Transportkosten dramatisch gefallen, was den internationalen und interkontinentalen Handel mit vielen Gütern und manchen Dienstleistungen und damit globalen Wettbewerb überhaupt erst möglich gemacht hat. Zweitens haben auch politische Entscheidungen zunächst vorwiegend in reichen Ländern und später auch in vielen armen Ländern zur Globalisierung beigetragen. Denn Zölle und nichttarifäre Handelshemmnisse sind erst im Rahmen des Allgemeinen Zoll- und Handelsabkommens (General Agreement on Tariffs and Trade, GATT) und später im Rahmen der Welthandelsorganisation (World Trade Organization, WTO) unter amerikanischer Führung gesenkt und zum Teil beseitigt worden.[197] Das ermöglicht es verschiedenen Volkswirtschaften, sich den komparativen Kostenvorteilen entsprechend zu spezialisieren, Skalenerträge, das heißt Kostenvorteile durch große Produktionsmengen, zu realisieren, und wechselseitig vorteilhafte Tauschgeschäfte mit Partnern aus anderen Ländern und Kontinenten abzuschließen.

---

196 Vgl. Smith (1776/1990, 1. Buch, 3. Kapitel).

197 Es gibt sogar Autoren (Gray 1998, S. 17), die aus dem politischen Beitrag zur Globalisierung und der amerikanischen Führungsrolle dabei ableiten, dass Freihandel und Globalisierung das Resultat von zentraler Planung seien.

Weil weltweiter Freihandel tendenziell überall den Wettbewerb verschärft – Anbieter müssen nicht nur mit lokalen oder nationalen Konkurrenten, sondern auch mit ausländischen mithalten – erhöht der Freihandel den Anpassungsdruck, der sich auch im Sinne von *Schumpeters* „schöpferischer Zerstörung" auswirken kann.[198] Früher durch Entfernung, Kommunikations- und Transportkosten oder durch von der Politik geschaffene Handelsschranken geschützte Produzenten können diesem verschärften Wettbewerb zum Opfer fallen. Der Bankrott kann zu Kapital- und Arbeitsplatzverlusten führen. In einer Wettbewerbswirtschaft ist niemand auf Dauer sicher. Viele Menschen empfinden das als Zumutung. Inspiriert von *Ingleharts*[199] Untersuchungen zum Wertewandel, das heißt dem von ihm beobachteten Trend zum Postmaterialismus gerade in wohlhabenden Bevölkerungsschichten und Gesellschaften, kann man den Eindruck gewinnen, dass steigender Lebensstandard und zunehmende soziale Absicherung die Toleranz für schöpferische Zerstörung herabsetzt.

Freihandel berührt nicht alle Menschen in einer offenen Gesellschaft in gleichem Maße. Besonderen Schutz genießt überall der öffentliche Dienst, aber auch manche Dienstleistung. Kein Deutscher wird zur Zahnbehandlung nach Mumbai (Bombay) oder zum Friseur nach Shanghai fliegen wollen, nur weil diese Dienstleistungen dort billiger als zu Hause angeboten werden. Aber manche Dienstleister und viele Güterproduzenten sind zunehmend dem globalen Wettbewerb ausgesetzt. Einfache Tätigkeiten werden tendenziell in arme Länder verlagert.

Das auf *Stolper* und *Samuelson* zurückgehende Faktorpreisangleichungs-Theorem baut zwar auf ursprünglich unrealistischen Annahmen auf, gewinnt aber im Zuge der Globalisierung zunehmend an Realitätsnähe[200]. Danach reduziert Freihandel

---

198 Vgl. Schumpeter (1950, 7. Kapitel).
199 Vgl. Inglehart (1997).
200 Vgl. Bluestone (1994, S. 336).

die Nachfrage nach wenig qualifizierter Arbeit in den reichen Ländern des Westens, weil solche Arbeit in armen Ländern (wie China und Indien) überreichlich vorhanden ist, weil dieser Produktionsfaktor deshalb in die Herstellung von Exportgütern der armen Länder eingeht. Das führt über die Exporte der armen und die Importe der reichen Länder zu einer Art Konkurrenz wenig qualifizierter Arbeitskräfte in reichen und armen Ländern miteinander. Mit abnehmender Nachfrage nach wenig qualifizierter Arbeit in den reichen Ländern ist entweder Druck auf die Löhne der schlecht qualifizierten und schlecht bezahlten Arbeiter, das heißt zunehmende Ungleichheit, oder aber zunehmende Arbeitslosigkeit zu erwarten. In den angelsächsischen Ländern ist in den 1990er Jahren die Arbeitslosigkeit bei steigender Einkommensungleichheit gefallen[201]. Deutschland und andere kontinentaleuropäischen Länder dagegen haben die Verteidigung einer relativ egalitären Einkommensverteilung mit zunehmender Arbeitslosigkeit bezahlt.[202] In letzter Zeit konnte sogar ein Zusammenhang zwischen größerer Ungleichheit und schnellerem Wirtschaftswachstum in entwickelten Ländern nachgewiesen werden.[203]

Man sollte die Nachteile zunehmender Einkommensungleichheit nicht überbewerten. Die amerikanische Gesellschaft mit ihrer besonders stark ausgeprägten Ungleichheit illustriert das deutlich. Amerikas Arme haben durchaus eine Chance, der Armut zu entkommen. Es existiert eine Studie, wonach 80 Prozent der Angehörigen des ärmsten Fünftels im Jahre 1975 es bis 1991 geschafft haben, mindestens in die Mittelschicht (zu den oberen 60 Prozent) aufzusteigen. Auch (oder gerade) in einer von Ungleichheit geprägten Gesellschaft muss Armut nicht dauerhaft sein. Sogar diejenigen, die den sozialen Aufstieg nicht geschafft haben, haben von der dynamischen Wirtschaftsent-

---

201 Vgl. Atkinson, Rainwater and Smeeding (1995, S. 46, 58, 80).
202 Vgl. Siebert (1998, S. 61–62, 131 ff.); Weede (1999).
203 Vgl. Barro (2000).

wicklung profitiert. In den 1990er Jahren war das ärmste Fünftel der Bevölkerung ungefähr genauso gut mit langlebigen Haushaltsgütern ausgestattet wie der Durchschnittshaushalt circa 20 Jahre davor.[204] Auch in Deutschland ist Armut meist ein vorübergehender Zustand. In den 1980er Jahren haben fünf Prozent der westdeutschen Haushalte in sechs Befragungsjahren einmal Sozialhilfe bezogen, aber nur ein Prozent die ganze Zeit lang.[205] Auch in Deutschland haben die Sozialhilfeempfänger vom Wirtschaftswachstum profitiert. Ihr Lebensstandard heute entspricht dem durchschnittlicher Arbeitnehmer in den 1960er Jahren.[206]

Das Faktorpreisangleichungs-Theorem impliziert nicht nur zunehmende Ungleichheit und Arbeitslosigkeit in den reichen Ländern, sondern auch steigende Löhne für wenig qualifizierte Arbeitskräfte in den ärmeren Ländern und damit abnehmende Ungleichheit dort. Außerdem berührt der globale Wettbewerb auch die Einkommen der qualifizierten Arbeitskräfte. Er zwingt die qualifizierten Arbeitskräfte der armen Länder – trotz ihrer Nachteile bei der Kapitalausstattung der Arbeitsplätze und bei der Ausbildung, damit bei der Produktivität – in einen Wettbewerb mit den qualifizierten Arbeitskräften der reichen Länder. Dieser Wettbewerb begünstigt die qualifizierten Arbeitskräfte in den reichen Ländern. Denn die Globalisierung erlaubt den oft gut qualifizierten Arbeitskräften im Westen von schlechter entlohnter Tätigkeit für heimische Nachfrager zu besser entlohnter Tätigkeit für ausländische Nachfrager zu wechseln. In den USA werden exportorientierte Arbeitsplätze um 10 bis 15 Prozent besser bezahlt als binnenmarktorientierte.[207] Außerdem profitieren alle Arbeiter in ihrer Eigenschaft als Konsumenten von den niedrigen Preisen der Importgüter aus armen Ländern. Vie-

---

204 Vgl. Cox and Alm (1999, S. 15, 70–73).
205 Vgl. Rohwer (1992, S. 370).
206 Vgl. Miegel (2002, S. 103–104).
207 Vgl. Bergsten (1997, S. 28).

le Güter in den reichen Ländern wären ohne diese Importe aus armen Ländern dreimal so teuer wie jetzt.[208]

Fasst man die Verteilungswirkungen des Freihandels bzw. der Globalisierung zusammen, so ist in den reichen Ländern des Westens zunehmende Ungleichheit oder Arbeitslosigkeit, in den armen Ländern dagegen zunehmende Gleichheit durch Globalisierung zu erwarten. Ob solche Erwartungen eintreffen, hängt natürlich davon ab, ob es andere als im Faktorpreisangleichungs-Theorem angesprochene Einflüsse gibt, ob diese die Freihandelseffekte verstärken oder neutralisieren.

Noch wichtiger als die Globalisierung könnte die technologische Entwicklung sein. Nach *Freeman* oder *Krugman* – aber entgegen *Wood* – sorgt vor allem der technologische Fortschritt für zunehmende Nachfrage nach qualifizierten Arbeitskräften in den wohlhabenden Ländern und damit für zunehmende Ungleichheit dort.[209] Für diese Interpretation spricht, dass Importe von Industrieprodukten aus Niedriglohnländern nur einen kleinen Anteil am Bruttoinlandsprodukt der reichen Länder ausmachen und dass der Strukturwandel zur Dienstleistungsgesellschaft große Teile der Arbeitnehmerschaft vor dem globalen Wettbewerb schützt. Technologischer Wandel kann außerdem besser als Freihandel erklären, warum es trotz zunehmender Lohnprämien für Humankapital zu einer zunehmenden Nachfrage nach besser qualifizierten Arbeitskräften kommt.[210] Gegen die These spricht, dass technologischer Fortschritt allzu oft als Residualgröße „erfasst" wird, dass zunehmende Humankapitalbildung in reichen Ländern die zunehmenden technologisch bedingten Erfordernisse annähernd ausgleichen könnte, so dass dann doch der Freihandel für einen großen Teil der beobachteten Trends in den Einkommensverteilungen verantwortlich sein

---

208 Vgl. Wood (1994, S. 346).
209 Vgl. Freeman (1995), Krugman (1996) und Wood (1994).
210 Vgl. Gottschalk and Smeeding (1997, S. 659).

könnte.[211] Nach *Woods* Schätzungen[212] hatten die reichen Industrieländer schon 1990 circa 9 Millionen Industriearbeitsplätze an Entwicklungsländer verloren. Dort sind deshalb 23 Millionen entsprechende Arbeitsplätze entstanden.

Wie auch immer die andauernde Debatte über den relativen Beitrag von technologischer Innovation und Freihandel für die Verschiebungen der Einkommensverteilung ausgeht, es besteht kein Zweifel daran, dass die Globalisierung auch Auswirkungen hat. *Berthold* und *Hilpert*[213] fassen das so zusammen: „Globalisierung lässt sich in dieser Hinsicht auch beschreiben als Integration zusätzlicher, unqualifizierter Arbeitskräfte aus den bisher isolierten Ländern der Welt in einen immer einheitlicheren Weltarbeitsmarkt. War niedrig qualifizierte Arbeit in den entwickelten Industrieländern bisher nahezu knapp und gut entlohnt, trifft sie nun auf massenhafte Konkurrenz." Entgegen weit verbreiteten Befürchtungen begünstigt die Globalisierung aber nicht die Kapitalbesitzer, denn diese „leiden" genau wie andere am Produktionsprozess Beteiligte unter der Verschärfung des Wettbewerbs.[214] Die Gewinner der Globalisierung wie überhaupt der Wettbewerbswirtschaft sind letztlich die Konsumenten.

Weil die Globalisierung den Wettbewerb verschärft und die schöpferische Zerstörung beschleunigt, muss sie selbst auch zum technologischen Fortschritt beitragen, genau wie dieser – vor allem in den Bereichen Kommunikation und Transport – wiederum die Globalisierung fördert. Diese Interdependenz von technologischem Fortschritt und Globalisierung macht es so schwer, die Auswirkungen beider Prozesse voneinander abzugrenzen. Sie dürfte es auch erschweren, bei vertretbaren Kosten den einen oder den anderen Prozess zu verlangsamen.

---

211 Vgl. Lindert and Williamson (2001, S. 33).
212 Vgl. Wood (1994, S 166–167).
213 Vgl. Berthold und Hilpert (1997, S. 21).
214 Vgl. World Bank (2002, S. 154).

Das wichtigste Merkmal des technologischen Fortschritts wie des Erkenntnisfortschritts überhaupt ist seine Unvorhersagbarkeit.[215] Was unvorhersagbar ist, kann auch nicht zielsicher gesteuert werden. Natürlich können Machthaber technologische Entwicklungen oder generell Neuheiten unterdrücken. Oben (im Kapitel 5.2) ist schon erwähnt, dass die Chinesen das beim Bau hochseetüchtiger Schiffe und der Exploration der Weltmeere im 15. Jahrhundert getan hatten. Das westliche Zeitalter der Entdeckungen und den daraus resultierenden westlichen Zugriff auf die materiellen Ressourcen der ganzen Welt[216] konnten sie damit nicht verhindern. Wer Innovation unterdrückt, geht das Risiko ein, von anderen überholt und – wie China im Opiumkrieg des 19. Jahrhunderts – auch überwältigt zu werden. In einer politisch fragmentierten Welt kann niemand Fortschritt dauerhaft unterbinden. Man kann nur die eigene Gesellschaft leicht zur Rückständigkeit verdammen.

Wer den Freihandel beschränken will, um die schöpferische Zerstörung zu verlangsamen, neigt im Allgemeinen zu einer Unterschätzung der Kosten des Protektionismus.[217] *Krueger*[218] berichtet von Kosten in der amerikanischen Stahlbranche von circa 84 000 Dollar pro Arbeitsplatz, von circa 144 000 Dollar in der Bekleidungsindustrie und von 160 000 Dollar in der Autoindustrie. Diese Beträge liegen weit über den damals üblichen Löhnen für die Begünstigten. In Deutschland ist die Lage ähnlich – wie im Kapitel 4.3 bereits erwähnt. Nach *Siebert* und *Müller-Vogg* kostete die Erhaltung eines Arbeitsplatzes im Bergbau an der Ruhr

---

215 Vgl. Popper (1974, Vorwort).
216 Nach Pomeranz (2000) ist der Zugriff des Westens zu den Ressourcen der Welt für die große Divergenz zwischen China und dem Westen in der Neuzeit verantwortlich. Im Text oben habe ich angedeutet, dass auch dahinter politische Determinanten stehen.
217 Vgl. OECD (1998, S. 54).
218 Vgl. Krueger (1995, S. 58–63).

oder der Saar circa 120 000 bis 130 000 DM oder das Zweieinhalbfache der Durchschnittslöhne Ende der 1990er Jahre.[219]

Obwohl das Ausmaß wirtschaftlicher Freiheit nicht die Ungleichheit der Einkommensverteilung vergrößert[220], obwohl die Offenheit von Volkswirtschaften empirisch eher mit größerer politischer Stabilität als mit der Gewaltanfälligkeit von Gesellschaften zusammenhängt[221], dient die Globalisierung zunehmend als Argument zu Gunsten der Ausweitung der Staatstätigkeit. Das ist aus folgenden Gründen irreführend. Manchmal wird die Notwendigkeit politischer Eingriffe und Umverteilungsmaßnahmen damit gerechtfertigt, dass Ungleichheit politische Gewalt fördere bzw. die politische Stabilität von Demokratien untergrabe.[222] Ob Ungleichheit bzw. daraus resultierende relative Deprivation eine bedeutsame Determinante von Rebellion und Gewalt ist, ist in der Forschung durchaus umstritten.[223] Möglicherweise rebellieren die Menschen nicht vorwiegend deshalb, weil sie sich depriviert fühlen, sondern deshalb, weil sie sich davon Erfolgsaussichten versprechen. Wenn die Deprivationstheorien wahrheitsnah wären, dann sollte man viele Rebellionen verarmter Massen erwarten. Die sind aber sehr selten. Eher von Privilegierten ausgehen sollten Rebellion und Gewalt, wenn die Erfolgsaussichten bedeutsamer als Ungleichheit und Deprivationsgefühle sind. Tatsächlich sind Elitenrebellionen mindestens zehnmal so häufig wie Elendsrebellionen von Massen. Außerdem hat sich auch *Mullers* Befund[224] nicht replizieren lassen, wonach ungleiche Einkommensverteilungen Gesellschaften besonders anfällig für Gewalt und Rebellion werden lassen.[225] Es ist beispielsweise

---

219 Vgl. Siebert (1998, S. 93–94) und Müller-Vogg (1998, S. 19, 58).
220 Vgl. Mehlkop (2002).
221 Vgl. de Soysa (2002).
222 Vgl. Kapstein (1999); Muller (1985, 1986, 1995).
223 Vgl. die Zusammenfassung in Weede (1992, Kap. 21).
224 Vgl. Muller (1985, 1986, 1995).
225 Vgl. Weede (1986); Posner (1997); Graeff (2000).

nicht einzusehen, dass die – verglichen mit Schweden – zweifellos viel größere Einkommensungleichheit in den USA zur Destabilisierung der amerikanischen Demokratie beitragen soll.

Selbst wenn die vermutlich falsche Annahme, dass Ungleichheit nennenswert zur politischen Instabilität beiträgt, wahr wäre, ließen sich politische Eingriffe demokratischer Regierungen erst dann rechtfertigen, wenn sich zeigen ließe, dass diese in der Regel zu einem nennenswerten Abbau der Ungleichheit führen. Im Kapitel 5.4 wurde gezeigt, dass auch diese Voraussetzung nicht erfüllt ist, dass wir die schädlichen Nebenwirkungen von hohen Staats- und Sozialtransferquoten auf das Wachstum besser dokumentieren können als die erhofften Auswirkungen auf die Einkommensverteilung.

Die weit verbreitete Abneigung gegen die Globalisierung beruht also im Wesentlichen auf falschen Vorstellungen. Denn wirtschaftliche Freiheit und Globalisierung vergrößern nicht die Ungleichheit der Einkommensverteilung – bestimmt nicht global, noch nicht einmal überall national. Ungleiche Einkommensverteilungen tragen nicht nennenswert zur Gewalt und politischen Instabilität bei. Sogar demokratisch legitimierte Regierungen tragen nicht nennenswert zur Egalisierung der Einkommen bei. Globalisierung schafft keinen politischen Handlungsbedarf. Außerdem muss man die Handlungsfähigkeit unserer Regierungen bezweifeln. Sicher bewirken sie vieles, aber selten das, was sie wollen oder gar das, was im allgemeinen Interesse der Bürger ist.

6.2 Freihandel, Demokratie und Frieden

Die politischen Stabilitätskosten der Globalisierung in den reichen Ländern scheinen weitgehend imaginär zu sein. Stattdessen halte ich die Hoffnungen auf Stabilitätsgewinne in armen Ländern für bedeutsamer. *Krueger*[226] hat das so ausgedrückt: „Es

---

226 Vgl. Krueger (1995, S. 122, meine Übersetzung).

ist nur die Tatsache niedriger Reallöhne, die es den Betrieben in armen Entwicklungsländern erlaubt, auf den Weltmärkten zu konkurrieren. Obwohl die Armut dieser Arbeiter, ihre niedrigere Produktivität, ihre niedrigen Löhne und schlechten Arbeitsbedingungen bedauerlich sind, würde die Weigerung, Importe aus Niedriglohnländern hereinzulassen, darauf hinauslaufen, ungelernte Arbeiter dort zu ewiger Armut zu verdammen und deren Länder zu wesentlich langsamerer Entwicklung." Weil Globalisierung, das heißt vor allem offene Märkte in reichen Ländern und Exportorientierung in armen Ländern, zum Wirtschaftswachstum und zur Anhebung des Durchschnittseinkommens wesentlich beiträgt, kann Globalisierung nämlich dazu beitragen, in armen Ländern – wie zuerst den kleinen asiatischen Tigern, dann auch China – die Massenarmut zu reduzieren und auf lange Sicht zu überwinden und damit erst die Voraussetzungen für die Demokratisierung in Entwicklungsländern zu schaffen. Dass viele afrikanische und ehemals sozialistische Länder sich selbst von der Globalisierung und den damit verbundenen Chancen ausschließen, ändert nichts daran, dass die Globalisierung gerade den beteiligten armen Ländern, einschließlich ihrer Armen, genützt hat.[227]

Zu den wenigen robusten Befunden der politischen Soziologie gehört die Erkenntnis, dass Wohlstand bzw. hohe Pro-Kopf-Einkommen eine wesentlich zur Überlebensfähigkeit der Demokratie beitragende Bedingung sind.[228] Wenn Globalisierung und wirtschaftliche Freiheit zur Überwindung der Massenarmut, zur Vermeidung von Gewalt und zur Demokratisierung beitragen, dann besteht Hoffnung auf einen kapitalistischen Frieden, weil Freihandel direkt zur Verringerung der Kriegsgefahr beiträgt, weil Freihandel und der dadurch ermöglichte Wohlstand zur Demokratisierung und damit indirekt noch mal zur Kriegsverhü-

---

227 Vgl. Bhalla (2002); Dollar (1992); Dollar and Kraay (2002); Edwards (1998); Greenaway and Nam (1988); World Bank (1993, 2002).
228 Vgl. Lipset (1994), Muller (1995) und die dort zitierte Literatur.

tung beiträgt. Denn die Kriegsgefahr unter Demokratien ist viel niedriger als anderswo.[229]

Obwohl quantitative Studien eine viel strengere Überprüfung von Hypothesen erlauben als die Analyse historischer Einzelfälle, ist die Überzeugungskraft derartiger Beispiele oft größer. Gegen die Hypothese „Frieden durch Freihandel" wird gern der Erste Weltkrieg als Beispiel angeführt. Dazu ist Folgendes zu sagen: In den Sozialwissenschaften verfügen wir nicht über deterministische Theorien. Deshalb sind Ausnahmen immer zu erwarten. Der Erste Weltkrieg kann auf den ersten Blick die Befriedungseffekte des Freihandels nicht belegen. Aber warum nicht? Offensichtlich ist das Ausmaß des Freihandels nicht die einzige zu Krieg oder Frieden beitragende Bedingung oder Variable. In den quantitativen Analysen, die für die Hypothese „Frieden durch Freihandel" sprechen, findet man üblicherweise auch noch, dass ein ungefähres Machtgleichgewicht zwischen Staaten oder Blöcken – wie es vor dem Ersten Weltkrieg gegeben war – die Kriegsgefahr wesentlich erhöht, dass die Kriegsgefahr unter Demokratien oder bei vertraglicher Zusammenarbeit zwischen Staaten verringert wird. Die Mittelmächte Deutschland und Österreich-Ungarn wurden damals nur teilweise demokratisch regiert. Ein „demokratischer Frieden" war deshalb zwischen den Westmächten und den Mittelmächten nicht zu erwarten. Das Niveau der Kooperation in zwischenstaatlichen Organisationen zwischen den späteren Kriegsgegnern war auch niedrig. Wenn man die Hypothese „Frieden durch Freihandel" als Element einer umfassenden Theorie des „kapitalistischen Friedens" ansieht und den kriegsfördernden oder befriedenden Einfluss der Machtverhältnisse berücksichtigt, dann ist der Erste Weltkrieg nicht mehr so unerklärbar wie bei einer isolierten, monokausalen und letztlich unzulässigen Analyse.

---

229 Vgl. Ray (1998); Russett (1993); Russet and Oneal (2001). Zwar nicht empirisch belegt, aber theoretisch bedacht wird der Zusammenhang von Kapitalismus und Frieden auch bei Schumpeter (1950, S. 210).

Am besten lässt sich die These vom kapitalistischen Frieden mit den Ereignissen nach den beiden Weltkriegen, mit der Politik der Sieger gegenüber den Verlierern der Weltkriege, illustrieren. Vor den Folgen der mindestens von Rücksichtslosigkeit gegenüber den Verlierern geprägten Politik nach dem Ersten Weltkrieg hatte ein berühmter Ökonom, nämlich *Keynes*, sofort gewarnt.[230] Der Versuch, die Kriegsschäden so weit als möglich Deutschland aufzuladen, hat den Zweiten Weltkrieg jedenfalls nicht verhindert und den Hauptbefürworter dieser Politik, nämlich Frankreich, nicht vor der deutschen Wehrmacht geschützt. Nach dem Zweiten Weltkrieg hat die daraus hervorgehende westliche Vormacht USA recht schnell erkannt, dass die Verarmung ehemaliger Kriegsgegner – wie Deutschland, Italien und Japan – nicht im wohlverstandenen Eigeninteresse sei. Stattdessen haben die USA versucht, dem westlichen Teil Europas durch den Marschall-Plan zu helfen, auch den ehemaligen Kriegsgegnern.

Die USA haben die Einigung Westeuropas in den 1950er Jahren gefördert und dabei sogar eine Diskriminierung amerikanischer Exporte verglichen mit innereuropäischen Exporten hingenommen. Man kann feststellen, dass die USA bewusst gerade an den Rändern Eurasiens, das heißt in Westeuropa, Japan und einigen pazifischen Brückenköpfen, wie Südkorea, zuerst die Globalisierung angestoßen haben. Westeuropa und Japan sind wohlhabend und demokratisch geworden. Auch die ehemaligen Kriegsgegner sind heute Verbündete Amerikas. Die kapitalistische Friedenspolitik der USA nach dem Zweiten Weltkrieg hat schon über ein halbes Jahrhundert funktioniert, während die Machtpolitik von Versailles den Zweiten Weltkrieg schon zwei Jahrzehnte nach dem Ende des Ersten Weltkrieges hat ausbrechen lassen.

Die Affinität von Kapitalismus und Frieden ist nicht zufällig. Denn Kapitalismus ist im Kern Entpolitisierung bzw. ein Ver-

---

230 Vgl. Keynes (1919/1988).

such, Machtkämpfe zu vermeiden. Den Grundgedanken des Kapitalismus bzw. einer freien Gesellschaft sehe ich mit *Buchanan*[231] im wechselseitig vorteilhaften Tausch. Überflüssige Zustimmungserfordernisse können auch im internationalen Rahmen nur Handelsschranken errichten und eine gemeinsame bessere Zukunft vereiteln. Das gilt auch für die Forderung, dass freier Handel eine Angleichung der Arbeitsbedingungen und des Umweltschutzes in armen und reichen Ländern voraussetzt. Derartige Forderungen machen tendenziell Geschäfte zwischen armen Lieferanten und wohlhabenden Kunden von der Zustimmung der Konkurrenten in den wohlhabenden Ländern abhängig. Derartige Forderungen sollen den Primat der Politik, also eines Kampfes, in dem es sogar in der Demokratie Verlierer geben muss, über das freie Zusammenspiel von Anbietern und Nachfragern herstellen. Obwohl solche Forderungen in aller Regel im Namen der Armen und Elenden erhoben werden, spricht nichts dafür, dass Politisierung gerade den Armen nützt. Mit *Olson*[232] meine ich, „dass die orthodoxe Annahme sowohl von Links als auch von Rechts, der Markt bringe mehr Ungleichheit hervor als der Staat und andere Institutionen, die seine Wirkung ‚lindern', in vielen Gesellschaften das Gegenteil der Wahrheit ist und nur eine Halbwahrheit in den restlichen." In der Politik haben in der Regel nur organisierte Interessen eine Durchsetzungschance. Nach *Olson*[233] sind aber gerade die Organisationschancen und damit der politische Einfluss besonders ungleich verteilt, denn: „Es gibt vermutlich größere Ungleichheit bei den Möglichkeiten, Verteilungskoalitionen zu schaffen, als bei den angeborenen produktiven Fähigkeiten der Menschen."

Obwohl man sich von der Globalisierung keine Wunder versprechen sollte, erinnert die davon ausgehende Standortkonkur-

---

231 Vgl. Buchanan (1999).
232 Vgl. Olson (1985, S. 217).
233 Vgl. Olson (1985, S. 229/230).

renz doch an die Lage Westeuropas, bevor es zum europäischen Wunder kam, der erstmaligen Überwindung der Massenarmut in einem Kulturkreis. Damals wie heute kann Standortkonkurrenz zum Schutz der Eigentums- und Freiheitsrechte beitragen. Staaten müssen auch heute wieder um mobile Investoren und ihr Kapital werben. Der Bevölkerungsrückgang in vielen reichen Ländern zusammen mit der Bevölkerungszunahme in vielen armen Ländern lässt Wanderungsdruck entstehen. Die Integrationsprobleme in den Aufnahmeländern werden vielleicht dramatische Ausmaße annehmen, aber wenn mehr Menschen den Staat wechseln, dann kann es auch zu einer Konkurrenz der Staaten um die besten Köpfe kommen. Steuerlasten für gute Köpfe und Kapital werden vielleicht stärker als bisher durch staatliche Leistungen für die Steuerzahler gerechtfertigt werden müssen.[234] Es wird vielleicht Grenzen der Umverteilung, der arbiträren Freiheitsbeschränkungen und der angeordneten Ineffizienz geben.[235]

Viele beklagen die bisher eher erhofften oder befürchteten als schon beobachtbaren Grenzen des Sozialstaates im Zeitalter der Globalisierung. Dabei wird allerdings übersehen, dass der Sozialstaat bisher nicht den Armen zugute kommt, sondern eher dem Macht- oder Gestaltungsbedürfnis der Politiker. Wie die *Ederers*[236] erkannt haben: „Jede Subvention ist ein Stück Macht. Jede Entscheidung, die vom Markt auf eine Behörde delegiert wird, bedeutet, einem Funktionsträger dieser Behörde ein Stück Macht zu übergeben. Staatsabbau heißt also Machtabbau, Funktionsabbau. Und jede Partei hat dafür ein anderes ideologisches Mäntelchen gefunden, warum das gerade jetzt nicht geht." Mit

---

234 Ob das heute schon der Fall ist, das darf man bezweifeln. Nach Miegel (2002, S. 232) brachten 12 Prozent der Einkommensbezieher ca. die Hälfte der direkten Steuern in Deutschland im Jahre 2000 auf und 50 Prozent der Bevölkerung 88 Prozent dieser Steuern.
235 Vgl. Tanzi (2001); auch Vanberg (2002b).
236 Vgl. Ederer und Ederer (1995, S. 32).

Peter Bauer[237] könnte man das auch so ausdrücken: „Die Begünstigten der Umverteilung umfassen ihre Befürworter, Organisatoren und Verwalter, vor allem Politiker und Beamte, die nicht zu den Armen gehören." „Sozialverträglichkeit" ist dabei die Allzweckwaffe der Bewahrer des Primats der Politik. Dass die Umverteilung der Politiker im Inland ineffizient ist, habe ich schon mehrfach herausgestellt. Es sei daran erinnert, dass die Sozialtransfers den mittleren 60 Prozent per Saldo vorwiegend Bürokratisierung bringen, dass der Agrar-„Markt" einer Minderheit auf Kosten einer überwältigenden Mehrheit nützt, dass der deutsche Arbeits-„Markt" schon lange nicht mehr funktioniert, dass Durchschnittsverdiener mit Familie nur geringen Arbeitsanreizen ausgesetzt sind, dass Durchschnittsverdiener sich künftig nur noch eine Rente knapp über dem Sozialhilfeniveau erarbeiten werden, dass Generationengerechtigkeit offenbar nicht zum Gerechtigkeitsideal unserer Politiker gehört.

Außerdem kann man die Frage nach der moralischen Rechtfertigung von Sozialstaaten aufwerfen, wenn diese nur unter dem reichsten Fünftel der Menschheit umverteilen. Wie kann man eine Umverteilung rechtfertigen, die Zwang einsetzt, damit nur eingeschränkt Arbeitswillige im eigenen Land gut leben können, während von Hunger getriebene wirklich Arbeitswillige nicht bedacht werden, nur weil sie Ausländer sind? Zur Verteidigung von Sozialstandards in reichen Ländern werden immer wieder auch protektionistische Mittel eingesetzt, um die eigenen Bauern, Stahl-, Werft- oder Textilarbeiter vor billigerer Konkurrenz aus ärmeren Ländern zu schützen. Diese Maßnahmen richten in den Entwicklungsländern ungefähr doppelt so großen Schaden an, wie den Ländern an Entwicklungshilfe zufließt.[238] Das moralische Pathos, mit dem der Sozialstaat vertei-

---

237 Vgl. Peter Bauer (1981, S. 13, meine Übersetzung).
238 Vgl. World Bank (2002, S. 53). Nach James (2002, S. 4) betragen allein die Agrarsubventionen der reichen Länder zurzeit fast 1 Milliarde Dollar pro Tag. Sie sind fast sechsmal so hoch wie die direkte Entwicklungshilfe dieser Ländergruppe.

digt wird, wird intern vorwiegend durch seine Ineffizienz und extern durch die Missachtung der Interessen der Hungernden und Elenden in der Dritten Welt in Frage gestellt.

In den letzten Jahren wächst die Neigung der westlichen Industrieländer unter humanitär und moralisch klingenden Etiketten, wie Sozial- und Umweltstandards, die Entwicklungsländer zu mehr staatlicher Reglementierung und vielleicht ungewollt, aber faktisch zu verstärkter Zuteilung von Renten – im Sinne des im Kapitel 4.1 eingeführten Rentenbegriffs – zu verführen. Ein Beispiel für Sozialstandards sind Minimallohnvorschriften, die auf den ersten Blick den Armen zugute zu kommen scheinen. Aber die Weltbank[239] hat gegen diese Hoffnung schon vor Jahren eingewendet: „Diejenigen, die von Minimallohnvorschriften in Ländern mit niedrigem oder mittlerem Einkommen betroffen werden, sind selten die Bedürftigen (...) Die Arbeiter, die Minimallohngesetze zu schützen versuchen – städtische Arbeiter im formellen Sektor – verdienen schon viel mehr als die weniger begünstigte Mehrheit." Zu Recht erwähnt die Weltbank[240] nämlich auch: „Über 80 Prozent der Arbeiter in den Ländern mit niedrigem Einkommen und über 40 Prozent in den Ländern mit mittleren Einkommen sind nicht von Arbeitgebern entlohnte Arbeiter; sie operieren üblicherweise in informellen und ländlichen Arbeitsmärkten, jenseits der Reichweite von Gewerkschaften und Staatseingriffen." Die Stärkung von Arbeiteraristokratien in Entwicklungsländern fördert zwar nicht die Gleichheit dort, erhöht aber die Kosten der Produzenten dort, was möglicherweise dem einen oder anderen marginal rentablen Produzenten, der in den reichen Ländern ähnliche Produkte herstellt – und seinen Beschäftigten – erlaubt, weiter zu existieren. Dass der Export ordnungspolitischer Fehler von Nord nach Süd bzw. die externe Verstärkung des Kampfes um Renten einer am

---

239 Vgl. World Bank (1995, S. 75, meine Übersetzung).
240 Vgl. World Bank (1995, S. 70, meine Übersetzung).

Gleichheitsideal orientierten Gerechtigkeitsvorstellung nützt, ist ein ziemlich absurder Gedanke.

Am wirksamsten können die wohlhabenden Länder den noch armen Ländern dadurch helfen, dass sie zu Hause eine vorbildliche Ordnungspolitik betreiben, wirtschaftliche Freiheit und offene Märkte schaffen, damit zunächst für sich selbst technologischen Fortschritt und Wohlstand schaffen. Ohne wirtschaftliche Überlegenheit mancher Länder gibt es ja keine „Vorteile der Rückständigkeit" oder Aufholchancen für andere Länder, die von den Pionieren der weltwirtschaftlichen Entwicklung Technologien übernehmen können und deshalb schneller als die Pioniere selbst wachsen können.[241] Zwar schafft es nicht jedes Land, diese potenziellen Vorteile der Rückständigkeit zu realisieren, aber vor allem ostasiatische Volkswirtschaften (die mehr als ein Viertel der Menschheit umfassen) haben gezeigt, dass Nachzügler viel schneller wachsen können als die Pioniere. Aber das setzt offensichtlich die Existenz der Pioniere voraus. Hohe Spar- und Investitionsquoten, gute Humankapitalausstattung, wirtschaftliche Freiheit bzw. deren Verbesserung, dabei vor allem Exportorientierung, tragen zur Erklärung bei, warum manche Nachzügler schnell wachsen und die Vorteile der Rückständigkeit realisieren und andere nicht.[242]

Dass eine freiheitliche Ordnungs- und Wirtschaftspolitik nicht nur dem eigenen Land, sondern auch anderen hilft, ist keine neue Einsicht. *Hayek*[243] hat das mit besonderem Nachdruck vertreten: „Die wohltätige Wirkung der Freiheit ist daher nicht auf die Freien beschränkt (...) Es kann kein Zweifel bestehen, dass im Laufe der Geschichte unfreie Mehrheiten Gewinn aus der Freiheit einer Minderheit gezogen haben und dass heute

---

241 Vgl. Barro and Sala-i-Martin (1995); Gerschenkron (1962); Maddison (1969); Olson (1996); World Bank (1993).
242 Vgl. Bleany and Nishiyama (2002); de Haan and Sturm (2000); Dollar (1992); Edwards (1998); Pitlik (2002); Weede and Kämpf (2002).
243 Vgl. von Hayek (1971, S. 42).

unfreie Gesellschaften Gewinn aus Dingen ziehen, die sie von freien Gesellschaften erhalten und lernen."

Mit einer vorbildlichen und nachahmenswerten Ordnungspolitik helfen die reichen Länder den armen Ländern auch mehr als mit öffentlichen Kapitalexporten bzw. Entwicklungshilfe. Deren Wirksamkeit wird schon lange in Frage gestellt.[244] In neueren ökonometrischen Studien wird zuweilen die Auffassung vertreten, dass etwas Entwicklungshilfe nützlich, aber zuviel davon durchaus auch schädlich sein kann.[245] Andere Autoren zeigen, dass die Wirksamkeit der Entwicklungshilfe davon abhängt, ob das Empfängerland eine vernünftige Wirtschaftsordnungspolitik betreibt.[246] Von den Vorzügen einer derartigen Politik können reiche Geberländer arme Empfängerländer offensichtlich leichter überzeugen, wenn sie zu Hause das praktizieren, was sie anderswo predigen.

Verglichen mit der „sozialstaatlichen" Praxis verfügen die Anhänger von wirtschaftlicher Freiheit, Globalisierung und Kapitalismus über eine solide Moral, die *Giersch*[247] so formuliert hat: „Das Grundprinzip der kosmopolitischen Moral ist (...) die Nichtdiskriminierung, im Handelsverkehr auch Meistbegünstigung genannt: Behandle den Fernsten nicht schlechter als den Nächsten, den Farbigen nicht weniger respektvoll als den Weißen, den Andersgläubigen nicht anders als den Glaubens- und Gesinnungsgenossen. Frag nach dem Preis, den er (sie) bietet oder verlangt, nicht nach der Gesinnung oder Religion, die ihn (sie) beseelt. Das Prinzip der Nichtdiskriminierung ist universalisierbar im Sinne von Kants kategorischem Imperativ. Es kann als Weltgesetz gelten." Das schönste an dieser Moral für eine globalisierte Welt ist, dass diejenigen, die sie missachten, einen Preis dafür bezahlen müssen und folglich unter Druck stehen, sich zu

---

244 Vgl. Bauer (1981).
245 Vgl. Hansen and Tarp (2000).
246 Vgl. Burnside and Dollar (2000).
247 Vgl. Giersch (1995, S. 24).

bessern, das heißt, sich Diskriminierung abzugewöhnen. Außerdem ist zu bedenken, dass Billiganbieter häufig gerade deshalb so preiswert sind, weil sie den Verkauf ihrer Güter und Dienstleistungen so bitter nötig haben. Schon der Versuch der moralischen Begründung einer Diskriminierung von Billigproduzenten ohne nordatlantische oder westliche Sozialstandards hat deshalb wenig mit Moral und „Gerechtigkeit" und dafür viel mit Absurdität zu tun.

Nicht nur bei der Diskussion nationaler Wirtschaftsordnungen[248], sondern auch bei der Betrachtung der Weltwirtschaftsordnung sollte man wieder den mangelnden Realitätsgehalt des ökonomischen Menschenbildes bzw. der Vorstellung vom Eigennutzmaximierer berücksichtigen. Vielleicht sind viele Menschen in diesen Fragen nicht etwa rational ignorant, sondern – wie beim Treffen der Welthandelsorganisation in Seattle im Dezember 1999 – hellwach und auf der falschen Seite, das heißt engagierte Gegner des Freihandels und der Globalisierung.[249] Emotionale Solidarisierung mit den Bedürftigen in der dritten Welt kann ein handlungsleitendes Motiv bei vielen sein, die sich persönlich nicht direkt betroffen fühlen. Wie auf der nationalen kann auch auf der globalen Ebene der emotionale Impuls genau die Maßnahmen erschweren, die tatsächlich zur Überwindung der Massenarmut und des Elends in der Dritten Welt beitragen könnten. Soweit Menschen moralisch „besser" sind als Eigennutzmaximierer, kann das die Durchsetzungschancen einer vernünftigen Politik weiter reduzieren.

---

248 Vgl. Kapitel 4.3 oben; Besters (2000, S. 25).
249 Vgl. Curzon-Price (2002, S. 53).

7. Warum Ordnungspolitik notwendig bleibt

Ein wohlstandsfördernder Ordnungsrahmen ist ein öffentliches Gut. Wo es ihn gibt, wo Wohlstand und Wachstum herrschen, da verbessern sich die materiellen Lebensbedingungen aller Menschen. Sogar die Sozialhilfeempfänger profitieren davon. In armen Gesellschaften, wo Hunger und Not Alltagserscheinungen sind, gibt es keine Sozialhilfe für die Masse der Bedürftigen. Bei uns und sogar im weniger sozialstaatlichen Amerika dagegen lässt sich zeigen, dass auch die Ärmsten mit einer gewissen Zeitverzögerung an der Wohlstandssteigerung teilhaben, dass ihr Lebensstandard ein Niveau erreicht, welches vielleicht eine Generation davor noch für Durchschnittsverdiener typisch war.

Gerade weil ein wohlstandsfördernder Ordnungsrahmen ein öffentliches Gut darstellt und die Chancen aller verbessert, ist zu befürchten, dass allzu viele Menschen nicht zur Beschaffung dieses Gutes beitragen, sondern Trittbrettfahrer werden. Die Logik des kollektiven Handelns[250] ist ja folgende: Wenn die meisten anderen sich für diesen Ordnungsrahmen einsetzen, dann wird es ihn geben, unabhängig vom eigenen Beitrag. Wenn die meisten anderen sich nicht dafür einsetzen, dann werde zwar auch ich darunter zu leiden haben, aber mein Beitrag würde in einer Massengesellschaft mit an Sicherheit grenzender Wahrscheinlichkeit nichts daran ändern. Unter diesen Bedingungen ist es für jeden Akteur rational, die Herstellung eines wachstumsfördernden Rahmens den anderen zu überlassen. Wenn wir alle so denken und handeln, dann gibt es auch für Politiker kaum Anreize, etwas zu tun, dann wird der Rahmen nicht hergestellt oder erhalten werden. Wir alle leiden darunter.

Das Trittbrettfahren oder die Beitragsverweigerung beginnt dabei schon mit dem Denken. Wenn die Mehrheit der Wahlberechtigten zwar ihr Stimmrecht ausübt, aber über einen wohlstandsfördernden oder -erhaltenden Rahmen nicht nach-

---

250 Vgl. Olson (1968).

denkt, in Anbetracht des geringen Gewichts jeder einzelnen Stimme also rational ignorant ist, dann kann der durchschnittliche Wähler sich bei seiner Stimmabgabe gar nicht von ordnungspolitischen Gesichtspunkten leiten lassen. Ordnungspolitik wird dann den Zufälligkeiten des politischen Machtkampfes überlassen.

Das Ausmaß der ordnungspolitischen Ignoranz oder die Legitimationskrise von Marktwirtschaft und Kapitalismus, was fast dasselbe ist, lässt sich zwar durch Umfragedaten belegen[251], aber noch mehr beeindrucken mich meine alltäglichen Erfahrungen als Hochschullehrer mit Studenten der Soziologie oder Politikwissenschaft. Als junge Menschen und künftige Steuerzahler oder Beitragszahler der Rentenversicherung sind sie von Ordnungspolitik, Generationenvertrag und den aus demographischen Gründen absehbaren Schwierigkeiten des Umlageverfahrens zweifellos betroffen. Als Studenten der Sozialwissenschaften sollten sie eine gewisse Neigung zum Nachdenken über derartige Probleme haben. Auch Zeitmangel oder intellektuelle Überforderung können nicht ohne weiteres geltend gemacht werden. Dennoch zwingen mich meine Erfahrungen mit Studierenden, ihnen ordnungspolitische Ignoranz zu bescheinigen, wobei die Ignoranz auch gar nicht als Defizit erlebt wird. Über Studiengebühren können sich meine Studierenden aufregen, über das Problem der Rentenfinanzierung und ihre absehbare Beitragsbelastung nicht. Dabei ist leicht einzusehen, dass rein materiell betrachtet die absehbare Belastung der jungen Generation durch den Sozialstaat eine denkbare Belastung durch Studiengebühren weit übertrifft. Die rationale Ignoranz ist bei langfristigen und gesamtgesellschaftlichen Problemen ausgeprägter als bei kurzfristigen und an Sonderinteressen orientierten Problemen.

Was die langfristige Politik und gesamtgesellschaftliche Probleme angeht, gibt es zunächst einmal Ähnlichkeiten zwi-

---

251 In den Kapiteln 3.3 und 4.3 oben habe ich einige davon erwähnt.

schen allen deutschen Parteien mit der Aussicht auf Regierungsverantwortung. Alle versprechen eine Wirtschaftspolitik, die Effizienz und Leistung, Innovation und Wohlstand fördert. Ähnliche Versprechen helfen dem Wähler allerdings nicht bei der Qual der Wahl. Wer über eine von vielleicht 50 oder 60 Millionen Stimmen verfügt, kann rationalerweise nur ignorant sein. Wenn schon Steuerbeamte und Steuerberater nur mit Mühe noch das Steuerrecht verstehen und anwenden können, dann hat der normale Wähler keine Chance zu beurteilen, ob die eine oder die andere Partei durch das Steuersystem Leistungsanreize vermitteln oder zerstören wird, ob die Besteuerung in ihren Details eine rationale Ressourcenallokation ermöglicht und unmöglich macht.

Im Herbst 2002 haben die regierenden Politiker vorwiegend darüber nachgedacht, wie man die deutsche Steuerlastquote weiter erhöhen kann. Vor allem sozialdemokratische Landespolitiker haben dabei zeitweise auch die Vermögenssteuer als potenzielle Einnahmequelle ins Auge gefasst. Letztere ist eine ertragsunabhängige Steuer. Sie muss deshalb ertragsschwache Unternehmen und Unternehmer besonders belasten – auch bei nur zeitweiliger Ertragsschwäche. Gerade bei jungen Unternehmen mit Anlaufschwierigkeiten muss eine zeitweilige Ertragsschwäche häufig sein. Mit der Vermögenssteuer würde unser Staat die ohnehin schon durch die Vielzahl der Regulierungen erschwerte Existenz- und Unternehmensgründung weiter erschweren. Ist es realistisch zu hoffen, dass viele Wähler in dieser Frage ihre rationale Ignoranz überwinden? Ist es nicht für die Masse der Arbeitnehmer näher liegend, sich darüber zu freuen, dass die Reichen und nicht sie selbst zur Kasse gebeten werden, also die strukturellen Folgen dieser geplanten Maßnahme zu vernachlässigen?

Die meisten Wähler nehmen im Bereich der Abgaben-, Steuer- und Wirtschaftspolitik rationalerweise nur wahr, ob die Politik auf ihre besonderen Interessen Rücksicht nimmt. Autofahrer bemerken, wenn die steuerlich absetzbare Kilometerpauschale gekürzt werden soll. Bauern bemerken, wenn die Garantiepreise für Agrarprodukte oder Handelshemmnisse reduziert werden sollen. Beamte bemerken, wenn sie zur Finanzierung ihrer Pensionen beitragen sollen. Bergarbeiter merken, wenn die Kohlesubventionen gekürzt werden sollen. Rentner werden aufmerksam, wenn die nächste Rentenerhöhung verschoben oder gekürzt werden soll. Wenn in der Massendemokratie fast alle in Fragen des Gemeinwohls rational ignorant sind, aber wegen des oft noch durch steuerliche Absetzbarkeit begünstigten Wirkens von Interessengruppen und Verbänden relativ besser über ihre besonderen Interessen informiert sind, dann folgt daraus, dass Politiker, die eine Chance auf Machterwerb oder Machterhalt haben wollen, vor allem Sonderinteressen bedienen müssen.

Während der Wettbewerb der Unternehmen auf dem Markt die Anbieter zwingt, zu möglichst niedrigen Preisen möglichst gute Produkte zu verkaufen, also ihre Sonderinteressen als Produzenten den allgemeinen Interessen der Konsumenten unterzuordnen, hat der politische Wettbewerb der Parteien eher den gegenteiligen Effekt: Die allgemeinen Interessen der Steuerzahler werden vernachlässigt, die Sonderinteressen aber werden von Politikern geradezu unterwürfig bedient. Die Bedienung der Sonderinteressen lenkt nicht nur vom Gemeinwohl, von der Schaffung geeigneter Rahmenbedingungen für Wachstum und Wohlstand, ab, sondern reduziert in der Regel das Gemeinwohl. Bürokratie, Staatsquote und Sozialtransfers steigen. Die wirtschaftliche Freiheit schrumpft, das Wachstum auch. Die Politik tritt zwar mit dem Anspruch auf, mehr Gleichheit als der Markt zu erreichen, aber die erhofften positiven Folgen politischer Eingriffe lassen sich kaum oder gar nicht nachweisen, die negativen Effekte dafür umso deutlicher.[252]

Wenn sich Menschen und Politiker wie beschrieben verhalten, dann ist der Weg in das Rent-Seeking bzw. das Aufflammen

---

252 Vgl. Kapitel 3.3, 5.3 und 5.4 oben.

von Verteilungskämpfen vorprogrammiert. Dann müssen an der Wiederwahl interessierte Politiker notwendigerweise miteinander um die Gunst von Sonderinteressen konkurrieren: eine Subvention hier, eine Steuervergünstigung da; etwas Protektionismus hier, etwas Marktregulierung da. Das nationale Interesse an einer wohlstandsfördernden Ordnungspolitik bleibt auf der Strecke. Die Produktivität wirtschaftlicher Freiheit wird ebenso verkannt wie die Gefährdungen durch ausufernde Staatstätigkeit. Es kommt zu Verteilungskämpfen, die nicht nur zu Einkommensübertragungen, sondern auch zu reinen Wohlfahrtsverlusten führen, von denen niemand etwas hat. Negativsummenspiele verdrängen Wettbewerbsmärkte, wo erfolgreiche Teilnehmer sich an den Bedürfnissen ihrer Mitmenschen, der Nachfrager, orientieren müssen. Die Staatsquoten und Sozialtransferquoten steigen.

Man kann vielleicht sagen, dass die Wähler genau das wollen.[253] Tatsächlich fordern sie bei Befragungen auch eher „Gerechtigkeit" oder Umverteilung als wachstumsfördernde Rahmenbedingungen. Das Verhalten der Menschen – von legaler Steuervermeidung bis zur Abwanderung in die Schattenwirtschaft – stellt diese Interpretation allerdings in Frage. Wo die Menschen die Folgen ihrer Handlungen selbst spüren, handeln sie wie Gegner einer Ausweitung der Staatstätigkeit.

Bei den in der Bundesrepublik Deutschland – auch schon vor der Wiedervereinigung – existierenden Staats- und Sozialleistungsquoten muss man meiner Ansicht nach von einer halbsozialistischen Gesellschaft sprechen. Damit hat Deutschland an der Problematik aller sozialistischen Gesellschaften teil, die *Mises* schon kurz nach dem Ersten Weltkrieg und der russischen Revolution so beschrieben hat:[254] „Aller Sozialismus (...) geht von der Auffassung aus, dass im sozialistischen Gemeinwesen ein Gegen-

---

253 Vgl. die in den Kapiteln 3.3 und 4.3 oben genannten Umfragedaten.
254 Vgl. von Mises (1920, S. 111).

satz zwischen den Interessen der Einzelnen und denen der Gesamtheit gar nicht werde existieren können. Jeder werde sich schon im Eigeninteresse bemühen, sein Bestes zu leisten, da er auch am Ertrag der ganzen wirtschaftlichen Tätigkeit beteiligt sei. Der nahe liegende Einwand, dass für den Einzelnen nur sehr wenig ins Gewicht fällt, ob er selbst fleißig und eifrig ist, dass es für ihn wichtiger ist, dass alle anderen es sind, wird von ihnen entweder gar nicht oder in ungenügender Weise berücksichtigt." Zumindest für die nur durchschnittlich oder gar unterdurchschnittlich qualifizierten und entsprechend bezahlten Arbeitskräfte haben wir in Deutschland ja längst den Zustand erreicht, dass der Abstand zwischen erreichbaren Löhnen und Sozial- oder Arbeitslosenhilfe nur noch schwache Arbeitsanreize vermitteln kann. Für viele Menschen in Deutschland hängt der materielle Lebensstandard weniger von eigenen Anstrengungen und Erfolgen ab als von der Erhaltung des staatlichen Umverteilungs- und Versorgungsniveaus.

Deutschland ist schon einige Jahrzehnte lang ein Wohlfahrtsstaat. Die negativen Folgen für Wachstum und Wohlstand sind allerdings nicht sofort aufgetreten. Das liegt nicht nur daran, dass der Ausbau fast pausenlos weitergegangen ist, sondern auch daran, dass die negativen Rückwirkungen vermutlich erst mit einer gewissen Zeitverzögerung auftreten.[255] Gewohnheiten, Normen und Werte aus früheren Zeiten können eine Weile die negativen Anreize – die Bestrafung des Erfolgs durch Steuern und Abgaben und die Ermutigung des Misserfolgs durch Sozialleistungen – neutralisieren, die vom Sozialstaat ausgehen. Auf die Dauer aber werden mehr und mehr Menschen den Versuchungen des Wohlfahrtsstaates erliegen, weniger Mühe in die Versorgung ihrer Mitmenschen mit Gütern und Dienstleistungen investieren und dafür mehr Mühe in den Versuch, sich irgendwie vom Staat bzw. der Allgemeinheit aushalten zu lassen.

---

255 Vgl. Lindbeck (1995).

Manche scheinen diesen „Wertewandel" auch noch positiv zu beurteilen. Nach *Inglehart*[256] trägt das Aufwachsen in Wohlstand und materieller Sicherheit, die ja auch auf Sozialleistungen beruhen kann, zur Ausbreitung postmaterialistischer Werte bei, das heißt zur abnehmenden Wertschätzung von Arbeit, Disziplin, Sparsamkeit und Verdienst und zur zunehmenden Wertschätzung von „Selbstverwirklichung".

Diese so genannten Werte zusammen mit abnehmendem Leistungsbedürfnis können zunehmend negative Rückwirkungen auf das Wirtschaftswachstum haben. Der Wohlfahrtsstaat kann durchaus seine Voraussetzungen angreifen, nicht nur direkt bei der Finanzierbarkeit, sondern auch indirekt bei der Arbeitsmoral.

Die deutsche Gesellschaft ist in der Krise. Verteilungskämpfe oder Rent-Seeking vereiteln jede vernünftige Ordnungspolitik. Anfang des 21. Jahrhunderts machen die Wachstumszahlen Deutschland zum „kranken Mann Europas". Die Arbeitslosigkeit verharrt auf hohem Niveau, die Lohnnebenkosten auch. Seit Jahrzehnten gelingt es nicht, die öffentlichen Haushalte ohne Neuverschuldung zu finanzieren. Explizite und implizite Staatsverschuldung zusammen machen – je nach Berechnung oder Schätzung – zwischen dem doppelten und dem dreifachen Bruttoinlandsprodukt aus.[257] Explizite Staatsverschuldung und durch ungedeckte Renten- und Pensionsversprechen implizite Staatsschulden zusammen werden den zahlenmäßig schwächeren jüngeren Generationen aufgebürdet. Ob die jetzt die Politik beherrschende Generation sich „sozial" gegenüber der jungen Generation verhält, muss bezweifelt werden.

Die Globalisierung und der Standortwettbewerb – vor allem um Kapital, aber auch um unternehmerisches und sonstiges Talent, um Humankapital – trägt zwar zur immer besseren Befriedigung von Konsumentenwünschen bei, schafft für Hunderte

---

256 Vgl. Inglehart (1997), aber kritisch dazu auch Mehlkop (2000).
257 Vgl. Kapitel 5.3 oben.

von Millionen wirklich armer Menschen in Entwicklungsländern eine Chance, der Armut zu entkommen, kann die Voraussetzungen für einen auf Freihandel und Demokratie aufbauenden „kapitalistischen Frieden" schaffen, aber die Globalisierung legt auch ordnungspolitische Schwächen offen und erzwingt einen beschleunigten Strukturwandel. Weder bei den deutschen Gewerkschaften noch in der Regierung Schröder wurden daraus – jedenfalls vor Februar 2003 – die notwendigen Schlussfolgerungen für den deutschen Arbeitsmarkt und die Notwendigkeit des Abbaus von Regulierungen gezogen.

Um die aus dem Geburtendefizit und der sozialstaatlichen Umlagefinanzierung resultierenden Probleme in den Griff zu bekommen, setzen die Politiker zunehmend auf die Einwanderung. Dabei wird übersehen, dass die bisherige Einwanderung nicht verhindert hat, dass Ausländer eine wesentlich höhere Sozialhilfequote oder Arbeitslosenquote als Einheimische erreichen.[258] Bisher jedenfalls spricht nichts dafür, dass Ausländer nach Deutschland kommen, um die hiesigen Probleme zu lösen. Vernünftigerweise kann man das von ihnen auch nicht erwarten. Größer als die Hoffnung, dass Zuwanderer unseren so genannten „Generationenvertrag" erfüllen, ist für meine Begriffe die Gefahr, dass wir mit hohen Steuern und Sozialabgaben die tüchtigsten jungen Menschen und das Kapital aus Deutschland vertreiben.

In den USA werden die durch Geburtenrückgang entstehenden Probleme voraussichtlich bis zur Mitte des 21. Jahrhunderts nicht ernster als in Deutschland schon jetzt sein.[259] Steuern und Sozialabgaben müssen aus demographischen Gründen nicht so hoch wie in Deutschland sein. Außerdem ist der Sozialstaat in den USA nicht so stark wie in Deutschland ausgebaut, was die Finanzierung der sozialstaatlichen Ansätze in Amerika weiter erleichtert. Aus der Frühzeitigkeit des demographischen

---

258 Vgl. etwa Birg (2000) und Miegel (2002, S. 42).
259 Vgl. Economist (2002b); Peterson (1999).

Niedergangs Deutschlands und der Verzögerung oder vielleicht dem Ausbleiben dieser Entwicklung in den USA ergeben sich massive Abwanderungsanreize für die tüchtigsten jungen Menschen in Deutschland. Selbst wenn das nur wenige Hunderttausende tun, kann der Schaden gewaltig sein, wenn es die Besten sind, die auswandern: die künftigen Nobelpreisträger, Erfinder und Unternehmer. Mit *Miegel*[260] meine ich, dass die Löhne der durchschnittlich qualifizierten Arbeitnehmer in unserem Lande auch davon abhängen, dass andere das Wissen und Kapital erarbeitet haben, das ihnen zur Verfügung steht. Ich habe nicht gemerkt, dass die Politik sich um diese bei Wahlen nicht ins Gewicht fallende elitäre Minderheit Sorgen macht, also sie umwirbt.

Der Trend und das zunehmende Tempo der ordnungspolitischen Fehlentwicklung in Deutschland sind beängstigend. Die Zeichen stehen auf „langsamer Niedergang". Wenn wir uns weiterhin als in gesamtgesellschaftlichen Fragen rational ignorante Bürger verhalten, wenn unsere Politiker weiterhin über die Bedienung von Sonderinteressen an der Macht bleiben wollen und können, dann gibt es keinen Ausweg. Etwas Hoffnung vermittelt *Brittans*[261] Überlegung: „Wenn die Output-Lücke zwischen einem langsam wachsenden Land, das von restriktiven Interessengruppen zurückgehalten wird, und anderen Ländern, die die besten Praktiken und Techniken verwenden, breiter wird, dann wird auch der Anreiz zum Aufholen stärker (...) Letzten Endes werden die Erträge für politische Unternehmer, wenn diese versuchen, die institutionellen oder politischen Regeln zu Gunsten besserer Wirtschaftsleistung zu verändern, so groß, dass die Veränderungen unternommen werden." In Großbritannien hat nach Jahrzehnten des wirtschaftlichen Niedergangs *Margaret Thatcher* die nötigen Reformen durchsetzen können. Wir in Deutschland dagegen müssen noch auf tatkräftige Reformen

---

260 Vgl. Miegel (2002, S. 127, 163).
261 Vgl. Brittan (1978, S. 267, meine Übersetzung).

warten. Deshalb wächst die britische Wirtschaft in der letzten Zeit bei niedrigerer Arbeitslosigkeit schneller als die deutsche, deshalb hat Deutschland Großbritannien in der Rolle des „kranken Mannes Europas" beerbt.

Mit der zunehmenden Alterung der Gesellschaft, das heißt mit einem zunehmenden Anteil von Rentnern und Pensionären an den Wählern, nehmen allerdings die Anreize für Politiker zu, den Sozialstaat auszubauen statt die junge Generation zu entlasten und der Volkswirtschaft Wachstumsimpulse zu vermitteln. In der Vergangenheit jedenfalls war es so, dass ein höherer Anteil alter Menschen in der Gesellschaft die wohlfahrtsstaatlichen Tendenzen verstärkt hat.[262] Deshalb ist zu befürchten, dass die Anreize für Politiker zur Reform umso schwächer werden, je nötiger die Reform wird.

Je größer die für politische Entscheidungen erforderliche Mehrheit ist bzw. je kleiner die Minderheit ist, die ein effektives Veto einlegen kann, desto leichter dürfte es sein, das Rent-Seeking und damit die permanente Umverteilung zu Gunsten von Minderheiten zu beschränken. *Tullock*[263] hat deshalb vorgeschlagen, zu qualifizierten (zum Beispiel Dreiviertel-) Mehrheiten überzugehen. *Bernholz* und *Breyer*[264] haben angeregt, die staatliche Kompetenz verfassungsrechtlich einzuschränken. *Kirchgässner*, *Feld* und *Savioz*[265] plädieren aus demselben Grund für mehr direkte Demokratie, für Referenden auch in Finanzfragen. Sie untermauern das auch durch ökonometrische Studien, die zeigen, dass die direkte Demokratie der repräsentativen haushälterisch und wirtschaftlich überlegen ist. Es ist auch nicht überraschend, dass die Wähler mit ihrem eigenen Geld beim Referendum besonnener umgehen als die Repräsentanten mit dem Geld anderer Leute, dem der Steuerzahler. Aus dieser

---

262 Vgl. Wilensky (1975); Pampel and Williamson (1989).
263 Vgl. Tullock (1993, S. 80/81).
264 Vgl. Bernholz und Breyer (1994, S. 264).
265 Vgl. Kirchgässner, Feld und Savioz (1999).

Perspektive ist die Ablösung der Autokratie durch die repräsentative Demokratie zwar ein Schritt in die richtige Richtung, aber ein Schritt, der nicht weit genug geht.

Unglücklicherweise stellt sich bei den politischen Reformen dasselbe Problem wie bei den wirtschaftlichen Reformen. Es gibt weniger ein Erkenntnisdefizit als vielmehr ein Anreizdefizit beim politischen Handeln: Reformen, die die Effizienz steigern, sind ein Kollektivgut. Die Anreize, Kollektivgüter für riesige Gruppen zu beschaffen, sind gering, die zum Trittbrettfahren geradezu zwingend. Allerdings wissen wir aus der empirischen Forschung[266], dass die Menschen nicht ganz so viel Trittbrettfahren, wie es Eigennutzmaximierer nach unseren theoretischen Erwartungen (oder Befürchtungen) tun müssten. Viele von uns sind ab und zu etwas besser als es die Theorie des homo oeconomicus oder des Eigennutzmaximierers erlaubt. Deutschland ist inzwischen darauf angewiesen, dass sich auch mal ein Politiker besser als erwartet verhält und die überfälligen Reformen endlich anpackt.

Zur Verbesserung des politischen Wettbewerbs durch mehr direkte Demokratie könnte sogar der parteipolitische Wettbewerb beitragen. In vielen älteren Demokratien ist das Wahlrecht schrittweise auf immer größere Bevölkerungsgruppen ausgeweitet worden. Dabei hat die Hoffnung mancher Politiker eine Rolle gespielt, dass die neuen Wähler zu ihnen neigen könnten.

---

266 Die experimentellen Studien bei Kim and Walker (1984) entsprechen wenigstens im Großen und Ganzen den Erwartungen der Logik des kollektiven Handelns und dem Menschenbild des Eigennutzmaximierers. Bei Marwell and Ames (1979, 1980) dagegen ist die Trittbrettfahrertendenz relativ schwach – obwohl sie bei Vervielfachung der Einsätze und Verdienstmöglichkeiten meist steigt. Bei ihnen trägt auch ungleiche Ressourcenausstattung nicht nennenswert zur Kollektivgutbeschaffung bei. Es gibt auch nicht die Ausbeutung der Großen durch die Kleinen. M.E. recht typisch sind die Befunde von Isaac, Walker and Thomas (1984), die erwartungsgemäß eine ausgeprägte Suboptimalität bei der Beschaffung öffentlicher Güter konstatieren.

Heute gibt es eine basisdemokratische Grundstimmung mit einer gewissen Sympathie für direkte Volksbeteiligung und Referenden. Vielleicht werden jetzt auch einige Politiker versuchen, von dieser Stimmung zu profitieren, für mehr Volksbeteiligung eintreten und damit die Macht der Repräsentanten zu beschränken. Um die Macht selbst zu erwerben oder zu behalten, sind Politiker sogar bereit, an der Begrenzung politischer Macht mitzuwirken. Auch bei ihnen dominiert das Sonderinteresse an eigener Macht das allgemeine Interesse der politischen Klasse an der Maximierung politischer Macht.

Nützlich wäre auch die Verlagerung zentralstaatlicher Macht auf kleinere Einheiten, das heißt beispielsweise vom Bund auf die Länder. Dadurch würden Politiker gezwungen, sich – wie Unternehmen am Markt – auch an den allgemeinen Interessen der Steuerzahler und nicht nur an Sonderinteressen zu orientieren. Wettbewerb zwischen politischen Einheiten, bei Möglichkeit des Wohnsitzwechsels und des freien Handels, ist die wirksamste Garantie der Freiheit der Menschen und die wichtigste Schranke gegenüber bevormundenden Obrigkeiten. Der Weg zum echten Wettbewerbsföderalismus ist in Deutschland zwar noch weit, aber im Herbst 2002 sind immerhin Diskussionen darüber in Gang gekommen, ob die Länder eigenständig über die Höhe der Besoldung ihrer Beamten oder die Erhebung der Vermögenssteuer entscheiden sollten. Vielleicht verleitet ja die Finanznot unsere Politiker dazu, sich dem Joch des Wettbewerbs zu unterwerfen und danach den Bürgern besser als bisher zu dienen.

Der Weg ist allerdings noch weit, den deutschen Pseudoföderalismus zu überwinden, der die Gleichheit der Lebensbedingungen anstrebt und damit den Wettbewerb zwischen den Ländern und den dort regierenden Politikern weitgehend eliminiert hat.[267] Aus freiheitlicher Sicht gäbe ein föderaler Staat dem

---

267 Um nicht missverstanden zu werden, möchte ich hervorheben, dass es mir nicht um den Abbau des Länderfinanzausgleichs zwischen West- und Ostdeutschland geht. Die Transfers von West nach Ost sind im Kern eine Kriegsfolgelast. Aber der Finanzaus-

Bürger eine Art zweiter Stimme. Damit könnte man nicht nur alle vier Jahre die Regierung der eigenen Gebietskörperschaft, der Gemeinde oder des Landes, durch eine andere und vielleicht bessere ersetzen, sondern jederzeit. Wo Steuerbelastung und öffentliche Leistungen deutlich variieren, wie in der Schweiz, können die Bürger mit der täglich realisierbaren Drohung der Wohnsitzverlegung die Gebietsregierungen in den Wettbewerb mit anderen Gebietsregierungen zwingen. So entsteht ein Anreiz, möglichst niedrige Steuern und möglichst attraktive öffentliche Leistungen anzubieten.

Gerade weil es uns Deutschen materiell noch ziemlich gut geht, existieren kaum Anreize für unsere Politiker, den „Schlafwandel in die Stagnation" zu überwinden und Reformen einzuleiten.[268] Was notwendig ist, ist zumindest Außenstehenden – wie der britischen Wirtschaftszeitung „The Economist" – klar[269]: „Zuerst und vor allem ist der Arbeitsmarkt zu unflexibel. Zweitens sind Steuern und Sozialabgaben zu hoch und die Profite zu niedrig. Drittens und damit zusammenhängend sind Sozialleistungen, Renten und Gesundheitsfürsorge zu großzügig. Und viertens gibt es viel zu viel bürokratische Reglementierung." Sinngemäß kann man das jede Woche natürlich auch in der „Frankfurter Allgemeinen Zeitung" oder im „Handelsblatt" lesen. Unsere Politiker müssen es nur endlich zur Kenntnis nehmen und entsprechend handeln.

---

gleich zwischen den westlichen Bundesländern kann so nicht gerechtfertigt werden.
268 Vgl. The Economist (2002c, S. 4, meine Übersetzung).
269 Vgl. The Economist (2002c, S. 4, meine Übersetzung).

Literatur

Albert, Hans. 1986. Freiheit und Ordnung. Tübingen: Mohr Siebeck.

Albert, Hans. 1988. Kritik der reinen Erkenntnislehre. Tübingen: Mohr Siebeck.

Albert, Michel. 1992. Kapitalismus gegen Kapitalismus. Frankfurt/Main: Campus.

Alchian, Armen A. 1950. Uncertainty, Evolution and Economic Theory. Journal of Political Economy 58: 211–221.

Alesina, Alberto and Dan Rodrik. 1994. Distributive Politics and Economic Growth. Quarterly Journal of Economics 109: 465–490

Atkinson, Anthony B., Lee Rainwater and Timothy B. Smeeding. 1995. Income Distribution in OECD Countries. Paris: OECD.

Baader, Roland. 2002. Totgedacht. Warum Intellektuelle unsere Welt zerstören. Gräfeling: Resch.

Barbier, Hans D. 2002. Wer die Macht hat. Frankfurter Allgemeine Zeitung, 20. Dezember: 15.

Barro, Robert J. and Xavier Sala-i-Martin. 1995. Economic Growth. New York: McGraw-Hill.

Barro, Robert J. and Xavier Sala-i-Martin. 2000. Inequality and Growth in a Panel of Countries. Journal of Economic Growth 5(1): 5–32.

Bartley, W.W. III. 1985. Knowledge is a Product not Fully Known to its Producer. S. 17–45 in Kurt L. Leube and Albert H. Zlabinger (eds.): The Political Economy of Freedom. Essays in Honor of F.A. Hayek. München: Philosophia.

Bauer, Peter T. 1981. Equality, the Third World and Economic Delusion. London: Weidenfeld and Nicolson.

Baumol, William J. 2002. The Free-Market Innovation Machine: Analyzing the Growth Miracle of Capitalism. Princeton: Princeton University Press.

Beach, William W. and Gareth G. Davis. 1999. The Institutional Setting of Economic Growth. S. 1–20 in Bryan T. Johnson, Kim R. Holmes and Melanie Kirkpatrick (eds.): 1999 Index of Economic Freedom. Washington, DC: Heritage Foundation and New York: Wall Street Journal.

Berger, Peter L. 1986. The Capitalist Revolution. New York: Basic Books.

Bergsten, Fred. 1997. American politics, global trade. The Economist 344, No. 8636, September 27th: 23–28.

Berman, Harold J. 1983. Law and Revolution: The Formation of the Western Legal Tradition. Cambridge, MA: Harvard University Press.

Bernholz, Peter. 1977. Dominant Interest Groups and Powerless Parties. Kyklos 30: 411–420

Bernholz, Peter. 1986. Growth of Government, Economic Growth and Individual Freedom. Journal of Institutional and Theoretical Economics 142: 661–683.

Bernholz, Peter und Friedrich Breyer. 1994. Grundlagen der Politischen Ökonomie. Bd. 2: Ökonomische Theorie der Politik. Tübingen: Mohr Siebeck.

Berthold, Norbert. 1997. Der Sozialstaat im Zeitalter der Globalisierung. Tübingen: Mohr Siebeck.

Berthold, Norbert und Jörg Hilpert. 1997. Der neue Protektionismus. Internationale Politik 52(4): 20–28.

Besters, Hans. 2000. Zur Entwicklung zwischen Demokratie und Marktwirtschaft in Deutschland. S. 13–30 in Kurt R. Leube (ed.): Vordenker einer neuen Wirtschaftspolitik. Festschrift für Christian Watrin. Frankfurt am Main: Frankfurter Allgemeine Buch.

Bhagwati, Jagdish. 1993. Democracy and Development. S. 31–38 in Larry J. Diamond and Marc F. Plattner (eds.): Capitalism, Socialism and Democracy Revisited. Baltimore: Johns Hopkins University Press.

Bhalla, Surjit S. 2002. Imagine there's no country: poverty, inequality, and growth in the era of globalization. Washington, DC: Institute for International Economics.

Bierhoff, Hans Werner. 1987. Experimente zum Hilfeverhalten. S. 439–444 in Dieter Frey und Siegfried Greif (eds.): Sozialpsychologie. München: Psychologie Verlags Union.

Birg, Herwig. 1998. Demographisches Wissen und politische Verantwortung. Zeitschrift für Bevölkerungswissenschaft 23(3): 221–251.

Birg, Herwig. 2000. 188 Millionen Einwanderer zum Ausgleich? Frankfurter Allgemeine Zeitung, 12. April: 15.

Blankart, Charles B. 2001. Öffentliche Finanzen in der Demokratie. 4. Aufl. München: Vahlen.

Blau, Peter. 1964. Exchange and Power in Social Life. New York: Wiley.

Bleany, Michael and *Akira Nishiyama.* 2002. Explaining Growth: A Contest Between Models. Journal of Economic Growth 7(1): 43–56.

Bluestone, Barry. 1994. Old Theories in New Bottles: Toward an Explanation of Growing World-Wide Income Inequality. S. 331–342 in Jeffrey H. Bergstrand, Thomas F. Cosimano, John W. Hauck and Richard G. Sheehan (eds.): The Changing Distribution of Income in an Open Economy. Amsterdam: North Holland.

Brittan, Samuel. 1978. How British is the British Sickness? Journal of Law and Economics 21: 245–268.

Buchanan, James M. 1999. The Logical Foundations of Constitutional Liberty. Indianapolis: Liberty Fund.

Buchanan, James M., Robert D. Tollison and *Gordon Tullock* (eds.). 1980. Towards a Theory of the Rent-Seeking Society. College Station, Texas: A and M University Press.

Buchanan, James M. and *Gordon Tullock.* 1962. The Calculus of Consent. Ann Arbor: University of Michigan Press.

Burnside, Craig and David Dollar. 2000. Aid, Policies and Growth. American Economic Review 90(4): 847–868.

Bussmann, Margit, Indra de Soysa and *John R. Oneal.* 2002. The Effect of Foreign Investment on Economic Development and Income Inequality. Manuscript: Konstanz, Bonn (ZEF), and Tuscaloosa, Alabama.

Coleman, James S. 1990. Foundations of Social Theory. Cambridge, MA: Harvard University Press (Belknap).

Collins, Randall. 1980. Weber's Last Theory of Capitalism. American Sociological Review 45: 925–942.

Cox, W. Michael and Richard Alm. 1999. Myths of Rich and Poor. New York: Basic Books.

Curzon-Price, Victoria. 2000. Seattle Virus: A Mutant Form of Protection. S. 43–53 in Kurt R. Leube (ed.): Vordenker einer neuen Wirtschaftspolitik. Festschrift für Christian Watrin. Frankfurt am Main: Frankfurter Allgemeine Buch.

Deutsch, Karl W. 1963. The Nerves of Government. New York: Free Press.

Dollar, David. 1992. Outward-Oriented Developing Economies Really Do Grow More Rapidly: Evidence from 95 LDCs 1976–1985. Economic Development and Cultural Change 40(3): 523–544.

Dollar, David and *Aart Kraay.* 2002. Spreading the Wealth. Foreign Affairs 81(1): 120–133.

Economist, The. 1997. A Survey of the World Economy: The Future of the State. The Economist 344, No. 8035, September 20th.

Economist, The. 2002a. Will these modest proposals provoke mayhem down on the farm? The Economist 364, No. 8281, July 13th: 25–26.

Economist, The. 2002b. Half a Billion Americans? The Economist 364, No. 8287, August 24th: 20–22.

Economist, The. 2002c An Uncertain Giant: A Survey of Germany. The Economist 365, No. 8302, December 7th.

Ederer, Günter und *Peer.* 1995. Das Erbe der Egoisten. München: Bertelsmann.

Edwards, Sebastian. 1998. Openess, Productivity and Growth: What Do We Know? Economic Journal 108: 383–398.

Ekelund, Robert B. and *Robert D. Tollison.* 1981. Mercantilism as a Rent-Seeking Society. Economic Regulation in Historical Perspective. College Station, Texas: A and M University Press.

Eucken, Walter. 1955. Grundzüge der Wirtschaftspolitik. 2.Aufl. Tübingen: Mohr.

Föste, Wilga und *Peter Janßen.* 1997. Finanzierungs- und Belastungsgrenzen des Sozialstaats im Urteil der Bevölkerung. Bonn: Europa Union Verlag.

Föste, Wilga und *Peter Janßen.* 1999. Die Konsensfähigkeit der sozialen Marktwirtschaft. Frankfurt am Main: Campus.

Frankfurter Allgemeine Zeitung. 2002. Interessenvertreter. 19. September: 13.

Frankfurter Allgemeine Zeitung: 2003a. Auf dem Weg zu mehr Wachstum, Beschäftigung und Gerechtigkeit. Aus dem Strategiepapier des Kanzleramts. 4. Januar: 5.

Frankfurter Allgemeine Zeitung. 2003b. Erleichterung für Existenzgründer. 16. Januar: 11.

Freeman, Richard B. 1995. Are Your Wages Set in Beijing? Journal of Economic Perspectives 9(3): 15–32.

Frey, Bruno S. and *Reiner Eichenberger.* 1991. Anomalies in Political Economy. Public Choice 68: 71–89.

Friedman, Milton. 1976. Kapitalismus und Freiheit. München: DTV.

Friedman, Milton and *Rose Friedman.* 1981. Free to Choose. New York: Avon.

Gerschenkron, Alexander. 1962. Economic Backwardness in Historical Perspective. Cambridge, MA: Belknap (Harvard University Press).

Giersch, Herbert. 1995. Wirtschaftsmoral als Standortfaktor. Jena: Max-Planck-Institut zur Erforschung von Wirtschaftssystemen.

Goldsmith, Arthur A. 1997. Economic Rights and Government in Developing Countries: Cross-National Evidence on Growth and Development. Studies in Comparative International Development 32(2): 29-44.

Gottschalk, Peter and *Timothy M. Smeeding.* 1997. Cross-National Comparisons of Earnings and Income Inequality. Journal of Economic Literature 35: 633–687.

Graeff, Peter. 2000. Ökonomische und nicht-ökonomische Gefahren für Demokratien. Kölner Zeitschrift für Soziologie und Sozialpsychologie 53(2): 226–245.

Graeff, Peter and *Guido Mehlkop.* 2002. Cut government, but the right part of it – The impact of fiscal and quasi-fiscal regulations on corruption. Paper presented at the European Public Choice Society Meeting, Belgirate (Italy), April 4–7.

Gray, John. 1998. False Dawn. The Delusions of Global Capitalism. New York: New Press.

Greenaway, David and *Chong Hyun Nam.* 1988. Industrialization and Macroeconomic Performance in Developing Countries under Alternative Trade Strategies. Kyklos 41: 419–435.

Grossekettler, Heinz. 1999. Kritik der Sozialen Marktwirtschaft aus der Perspektive der Neuen Institutionenökonomik. S. 53–81 in Knut Wolfgang Knörr und Joachim Starbatty (eds.): Soll und Haben – 50 Jahre Soziale Marktwirtschaft. Stuttgart: Lucius und Lucius.

Gwartney, James, Robert Lawson and Walter Block. 1996. Economic Freedom of the World 1975–1995. Vancouver, BC: Fraser Institute.

Haan, Jakob de and *Clemens L.J. Siermann.* 1998. Further evidence on the relationship between economic freedom and economic growth. Public Choice 95(3–4): 363-380.

Haan, Jakob de and *Jan-Egbert Sturm.* 2000. On the relationship between economic freedom and economic growth. European Journal of Political Economy 16: 215–241.

Habermann, Gerd. Herausgeber. 2000. Vision und Tat. Ein Ludwig-Erhard-Brevier. Thun: Ott.

Hansen, Henrik and *Finn Tarp.* 2000. Aid Effectiveness Disputed. S. 103–128 in Finn Tarp (ed.): Foreign Aid and Development. London: Routledge.

Hayek, Friedrich August von. 1944/1976. Der Weg zur Knechtschaft. München: DTV.

Hayek, Friedrich August von. 1945. The Use of Knowledge in Society. American Economic Review 35(4): 519–530.

Hayek, Friedrich August von. 1971. Die Verfassung der Freiheit. Tübingen: Mohr.

Hayek, Friedrich August von. 1980–81. Recht, Gesetzgebung und Freiheit. 3 Bände. Landsberg am Lech: Verlag Moderne Industrie.

Hayek, Friedrich August von. 1988. The Fatal Conceit. The Errors of Socialism. London: Routledge.

Hirsch, Fred. 1980. Die sozialen Grenzen des Wachstums. Reinbek: Rowohlt.

Hofstätter, Peter R. 1971. Gruppendynamik. Reinbek bei Hamburg: Rowohlt.

Homans, George C. 1972. Elementarformen des sozialen Verhaltens. 2. Aufl. Opladen: Westdeutscher Verlag.

Inglehart, Ronald. 1997. Modernization and Postmodernization. Princeton: Princeton University Press.

Isaac, R. Mark, James M. Walker, and *Susan H. Thomas.* 1984. Divergent evidence of free riding. Public Choice 43: 113–149.

James, Harold. 2001. The End of Globalization: Lessons from the Great Depression. Cambridge, MA: Harvard University Press.

Janis, Irving L. 1972. Victims of Groupthink. Boston: Houghton Mifflin.

Jasay, Anthony de. 1985. The State. Oxford: Blackwell.

Jones, Eric L. 1981. The European Miracle. Cambridge: Cambridge University Press. Deutsch 1991: Das Wunder Europa. Tübingen: Mohr.

Kammler, Hans. 1990. Interdependenz der Ordnungen: Zur Erklärung der osteuropäischen Revolutionen von 1989. Ordo 41: 45–49.

Kahneman, Daniel and *Amos Tversky.* 1979. Prospect Theory: An Analysis of Decisions under Risk. Econometrica 47(2): 263–271.

Kahneman, Daniel and *Amos Tversky.* 1984. Choices, Values and Frames. American Psychologist 39(4): 341-350.

Kapstein, Ethan B. 1999. Sharing the Wealth: Workers and the World Economy. New York: W.W. Norton.

Keynes, John Maynard. 1919/1988. The Economic Consequences of the Peace. New York: Penguin USA.

Kim, Oliver and *Mark Walker.* 1984. The free rider problem: Experimental evidence. Public Choice 43: 3-24.

Kirchgässner, Gebhard, Lars P. Feld und Marcel R. Savioz. 1999. Die direkte Demokratie. München: Vahlen.

Knack, Steve. 1996. Institutions and the convergence hypothesis: The cross-national evidence. Public Choice 87(3-4): 207-228.

Knack, Steve and Philip Keefer. 1995. Institutions and Economic Performance: Cross-Country Tests Using Alternative Institutional Measures. Economics and Politics 7(3): 207-227.

Köcher, Renate. 2002. Politik als Risikofaktor. Frankfurter Allgemeine Zeitung, 18. Dezember: 5.

Köster, Thomas. 2001. Von Gründervätern, Nachfolgern und Papiertigern. Plädoyer für eine Vitalisierung der Wettbewerbspolitik. S. 481-497 in Hans F. Eckey, Dieter Hecht und Martin Junkernheinrich (eds.): Ordnungspolitik als konstruktive Antwort auf wirtschaftspolitische Herausforderungen. Stuttgart: Lucius und Lucius.

Krueger, Anne O. 1995. American Trade Policy. Washington, DC: AEI Press.

Krugman, Paul. 1996. Pop Internationalism. Cambridge, MA: MIT Press.

Kuhn, Thomas. S. 1976. Die Struktur wissenschaftlicher Revolutionen. Frankfurt/Main: Suhrkamp.

Lakatos, Imre. 1974. Falsifikation und die Methodologie wissenschaftlicher Forschungsprogramme. S. 89-191 in Imre Lakatos und Alan Musgrave (eds.): Kritik und Erkenntnisfortschritt. Braunschweig: Vieweg.

Lal, Deepak. 2001. State, Church and the Competition of States: Reflections on the Rise of the West. S. 199-226 in Robert Gilmour und Gerhard Schwarz (eds.): Freiheit und Fortschritt. Zürich: NZZ-Verlag.

Lal, Deepak. 1983/2002. The Poverty of Development Economics. London: Institute of Economic Affairs.

Latané, Bibb and Judith Rodin. 1969. A lady in distress: Inhibiting effects of friends and strangers on bystander intervention. Journal of Experimental and Social Psycholgy 5: 189–202.

Leinert, Johannes. 2002. Die Riester-Rente: Wer hat sie, wer will sie? Gütersloh: Bertelsmann-Stiftung (Vorsorgestudien 14).

Lenel, Hans Otto. 2000. Zu den Megafusionen in den letzten Jahren. ORDO 51: 1–31.

Lenski, Gerhard. 1973. Macht und Privileg. Frankfurt/Main: Suhrkamp.

Libecap, Gary D. 2001. The Problem of Autonomous Bureaucracy in Transitional Economies. Journal des Economistes et des Etudes Humaines 11(1): 51–61.

Lindbeck, Assar. 1995. The End of the Middle Way? The Large Welfare States of Europe. American Economic Review (Papers and Proceedings) 85(2): 9–15.

Lindert, Peter H. and Jeffrey G. Williamson. 2001. Does Globalization Make the World More Unequal? Cambridge, MA: NBER Working Paper 8228.

Lipset, Seymour M. 1962. Soziologie der Demokratie. Neuwied: Luchterhand.

Lipset, Seymour M. 1963/1979. The First New Nation. The United States in Historical and Comparative Perspective. New York: Norton.

Lipset, Seymour M. 1994. The Social Requisites of Democracy Revisited. American Sociological Review 59(1): 1–22.

Maddison, Angus. 1969. Economic Growth in Japan and the USSR. London: George Allen and Unwin.

Marwell, Gerald and Ruth E. Ames. 1979. Experiments in the Provision of Public Goods I. American Journal of Sociology 84: 1335–1360.

Marwell, Gerald and Ruth E. Ames. 1980. Experiments in the Provision of Public Goods II. American Journal of Sociology 85: 926–937.

Marx, Karl und Friedrich Engels. 1848/1966. Manifest der kommunistischen Partei. S. 59–87 und 243–245 (Fußnoten) in Iring Fetscher (ed.): Marx-Engels III, Studienausgabe. Frankfurt/Main: Fischer.

McKenzie, Richard B. and Gordon Tullock. 1978. The New World of Economics. 2nd. ed. Homewood, Ill.: Irwin.

Mehlkop, Guido. 2000. Methodische Probleme bei der Analyse von Wertvorstellungen und Wirtschaftswachstum. Zeitschrift für Soziologie 29(3): 217–226.

Mehlkop, Guido. 2002. Wirtschaftliche Freiheit, Einkommensungleichheit und physische Lebensqualität. Opladen: Leske und Budrich.

Miegel, Meinhard. 2001. Perspektiven der sozialen Sicherung. Über die fehlende Nachhaltigkeit des Umlageverfahrens. S. 123–135 in Robert Gilmour und Gerhard Schwarz (eds.): Freiheit und Fortschritt. Zürich: NZZ-Verlag.

Miegel, Meinhard. 2002. Die deformierte Gesellschaft. Berlin: Propyläen.

Mihm, Andreas. 2003. Flach spielen, hoch gewinnen. Frankfurter Allgemeine Zeitung, 15. Januar: 11.

Mises, Ludwig von. 1920. Die Wirtschaftsrechnung im sozialistischen Gemeinwesen. Archiv für Sozialwissenschaft und Sozialpolitik 47(1): 86–121.

Mises, Ludwig von. 1927. Liberalismus. Jena: Gustav Fischer.

Mises, Ludwig von. 1979. Die Wurzeln des Antikapitalismus. Frankfurt/Main: Fritz Knapp.

Moser, Peter. 1991. Schweizerische Wirtschaftspolitik im internationalen Wettbewerb. Zürich: Orrell Füssli.

Müller-Vogg, Hugo. 1998. Unsere Unsoziale Marktwirtschaft. Köln: Kölner Universitätsverlag.

Muller, Edward N. 1985. Income Inequality, Regime Repressiveness and Political Violence. American Sociological Review 50: 47–67.

Muller, Edward N. 1986. Income Inequality and Political Violence. American Sociological Review 51: 441–445.

Muller, Edward N. 1988. Democracy, Economic Development, and Income Inequality. American Sociological Review 53(1): 50–68.

Muller, Edward N. 1995. Economic Determinants of Democracy. American Sociological Review 60(6): 966–982.

North, Douglass C. 1988. Theorie des institutionellen Wandels. Tübingen: Mohr Siebeck.

Novak, Michael. 1982. The Spirit of Democratic Capitalism. New York: Simon and Schuster.

Oberender, Peter und *Jochen Fleischmann.* 2002. Gesundheitspolitik in der sozialen Marktwirtschaft. Stuttgart: Lucius und Lucius.

OECD. 1998. Open Markets Matter: The Benefits of Trade and Investment Liberalization. Paris: OECD.

Oliver, Pamela E. and Gerald Marwell. 1988. The Paradox of Group Size in Collective Action. American Sociological Review 53(1): 1–8.

Olson, Mancur. 1968. Die Logik des kollektiven Handelns. Tübingen: Mohr Siebeck.

Olson, Mancur. 1985. Aufstieg und Niedergang von Nationen. Tübingen: Mohr Siebeck.

Olson, Mancur. 1991. Umfassende Ökonomie. Tübingen: Mohr Siebeck.

Olson, Mancur. 1996. Big Bills Left on the Sidewalk: Why Some Nations are Rich, and Others Poor. Journal of Economic Perspectives 10(2): 3–24.

Olson, Mancur. 2000. Power and Prosperity: Outgrowing Communist and Capitalist Dictatorships. New York: Basic Books.

Pampel, Fred C. and John B. Williamson. 1989. Age, Class, Politics and the Welfare State. Cambridge: Cambridge University Press.

Pejovich, Svetozar. 1995. Economic Analysis of Institutions and Systems. Dordrecht: Kluwer Publishers.

Pejovich, Svetozar. 2001. After Socialism: Where Hope for Individual Liberty Lies. Journal des Economistes et des Etudes Humaines XI(1): 9–30.

Perrson, Torsten and Guido Tabellini. 1992. Growth, Distribution and Politics. European Economic Review 36: 593–602.

Peterson, Peter G. 1999. Gray Dawn: The Global Aging Crisis. Foreign Affairs 78(1): 42–55.

Pitlik, Hans. 2002. The Path of Liberalization and Economic Growth. Kyklos 55(1): 57–80.

Pomeranz, Kenneth. 2000. The Great Divergence: China, Europe, and the Making of the Modern World Economy. Princeton: Princeton University Press.

Popper, Karl R. 1934/1969. Logik der Forschung. 3.Aufl. Tübingen: Mohr Siebeck.

Popper, Karl R. 1974. Das Elend des Historizismus. Tübingen: Mohr Siebeck.

Posner, Richard A. 1997. Equality, Wealth and Political Stability. Journal of Law, Economics, and Organization 13(2): 344–365.

Rabin, Matthew and *Richard H. Thaler.* 2001. Anomalies: Risk Aversion. Journal of Economic Perspectives 15(1): 219–232.

Radnitzky, Gerard and Peter Bernholz. 1987. Economic Imperialism: The Economic Method Applied Outside the Field of Economics. New York: Paragon.

Ray, James Lee. 1998. Does Democracy Cause Peace? Annual Review of Political Science 1: 27–46.

Rodden, Jonathan and *Erik Wibbels.* 2002. Beyond the Fiction of Federalism. World Politics 54(4): 494–531.

Rohwer, Götz. 1992. Einkommensmobilität und soziale Mindestsicherung. Kölner Zeitschrift für Soziologie und Sozialpsychologie, Sonderheft 32 (Stephan Leibfried und Wolfgang Voges, eds.: Armut im modernen Wohlfahrtsstaat): 367–379.

Rosenberg, Nathan and *L.E. Birdzell.* 1986. How the West Grew Rich. New York: Basic Books.

Rummel, Rudolph J. 1994. Death by Government. New Brunswick, N.J.: Transaction.

Russett, Bruce M. 1993. Grasping the Democratic Peace. Princeton: Princeton University Press.

Russett, Bruce M. and *John R. Oneal.* 2001. Triangulating Peace. Democracy, Interdependence and International Organizations. New York : W.W. Norton.

Scheuch, Erwin K. 1991. Muss Sozialismus misslingen? Asendorf: Mut.

Scheuch, Erwin K. und *Ute.* 1992. Cliquen, Klüngel und Karrieren. Reinbek bei Hamburg: Rowohlt.

Schmähl, Winfried. 2002. Alterssicherung in einer alternden Bevölkerung. Politische Studien, Sonderheft 2/2002: 106–127.

Schmid, Josef. 2002. Bevölkerungsrückgang und demografische Alterung. Politische Studien, Sonderheft2/2002: 19–43.

Schneider, Friedrich and *Dominik Enste.* 1999. Shadow Economies Around the World – Size, Causes, and Consequences. Jena: Max Planck Institut zur Erforschung von Wirtschaftssystemen (Lectiones Jenenses 20).

Schumpeter, Joseph A. 1950. Kapitalismus, Sozialismus und Demokratie, Bern: Francke.

Schwarz, Gerhard. 2001a. Freiheit, Wohlstand und Fortschritt. S. 9–11 in Robert Gilmour und Gerhard Schwarz (eds.): Freiheit und Fortschritt. Zürich: NZZ Verlag.

Schwarz, Gerhard. 2001b. Marktwirtschaft und Demokratie – eine Hassliebe. Ist Freiheit wirklich unteilbar? S. 179–198 in Robert Gilmour und Gerhard Schwarz (eds.): Freiheit und Fortschritt. Zürich: NZZ-Verlag.

Seldon, Arthur. 1990. Capitalism. Oxford: Blackwell.

Seldon, Arthur. 1998/2002. The Dilemma of Democracy. London: Institute of Economic Affairs.

Siebert, Horst. 1998. Arbeitslos ohne Ende? Wiesbaden: Gabler und Frankfurt/Main: FAZ-Buch.

Siebert, Horst. 2002. Wie Deutschland aus der Krise kommt. Frankfurter Allgemeine Zeitung 3. Dezember: 12.

Simon, Herbert A. 1982. Models of Bounded Rationality. 2 vols. Cambridge, MA: MIT Press.

Smith, Adam. 1776. An Inquiry into the Nature and Causes of the Wealth of Nations. Deutsch 1990: Der Wohlstand der Nationen. München: DTV.

Sowell, Thomas. 1983. The Economics and Politics of Race. New York: Quill.

Soysa, Indra de. 2002. Paradise is a Bazaar? Greed, Creed and Governance in Civil War, 1989-99. Journal of Peace Research 39(4): 395–416.

Soysa, Indra de and John R. Oneal. 1999. Boon or Bane? Reassessing the Effects of Foreign and Domestic Capital for Growth. American Sociological Review 64: 766–782.

Statistisches Bundesamt (Hrsg.) 2000. Datenreport 1999. Bonn: Bundeszentrale für politische Bildung.

Streissler, Erich W. 1996. Der Wirtschaftsliberalismus in Mitteleuropa: Umsetzung einer wirtschaftspolitischen Grundkonzeption? S. 135–179 in Emil Brix und Wolfgang Mantl (eds.): Liberalismus. Köln und Wien: Böhlau.

Streit, Manfred. 1986. Marktwirtschaftliche Ordnungspolitik im demokratischen Wohlfahrtsstaat. S. 97–110 in Max Kaase (ed.): Politische Wissenschaft und Politische Ordnung. Festschrift zum 65. Geburtstag von Rudolf Wildenmann. Opladen: Westdeutscher Verlag.

Tanzi, Vito. 2001. Globalization Without a Net. Foreign Policy 125: 78–79.

Tanzi, Vito and *Ludger Schuknecht.* 2000. Public Spending in the 20th Century. Cambridge: Cambridge University Press.

Tietmeyer, Hans. 1999. Eine stabile Währung als Grundlage für die Soziale Marktwirtschaft. S. 7–16 in Knut Wolfgang Knörr und Joachim Starbatty (eds.): Soll und Haben – 50 Jahre Soziale Marktwirtschaft. Stuttgart: Lucius und Lucius.

Tinbergen, Jan. 1978. Einkommensverteilung. Auf dem Wege zu einer neuen Einkommensgerechtigkeit. Wiesbaden: Gabler.

Tocqueville, Alexis de. 1835–40/1985. De la démocratie en Amérique. Deutsch: Über die Demokratie in Amerika. Stuttgart: Reclam.

Tollison, Robert D. 1982. Rent-Seeking: A Survey. Kyklos 35: 575–602.

Torstensson, John. 1994. Property Rights and Economic Growth. Kyklos 47(2): 231–247.

Tullock, Gordon. 1993. Rent Seeking. Aldershot, England: Edward Elgar.

Usher, Dan. 1981. The Economic Prerequisite to Democracy. Oxford: Blackwell.

Vanberg, Viktor. 1981. Liberaler Evolutionismus oder vertragstheoretischer Konstitutionalismus. Tübingen: Mohr Siebeck.

Vanberg, Viktor. 1982. Markt und Organisation. Tübingen: Mohr Siebeck.

Vanberg, Viktor. 1986. Spontaneous Market Order and Social Rules. Economics and Philosophy 2: 75–100.

Vanberg, Viktor. 1994. Hayek's Legacy and the Future of Liberal Thought: Rational Liberalism vs. Evolutionary Agnosticism. Paper presented at the General Meeting of the Mont Pelerin Society, Cannes, September 25–30.

Vanberg, Viktor. 2002a. Rational Choice vs. Program-Based Behavior. Rationality and Society 14(1): 7–54.

Vanberg, Viktor. 2002b. Zum gegenseitigen Vorteil. Frankfurter Allgemeine Zeitung, Samstag, 28. Dezember: 11.

Vaubel, Roland. 2001. Europa-Chauvinismus. München: Universitas.

Watrin, Christian. 1996. Wirtschaftsliberalismus und Wirtschaftspolitik in Mitteleuropa. S. 187–191 in Emil Brix und Wolfgang Mantl (eds.): Liberalismus. Köln und Wien: Böhlau.

Weber, Max. 1922/1964. Wirtschaft und Gesellschaft. 2 Bände. Köln: Kiepenheuer und Witsch.

Weber, Max. 1923/1981. Wirtschaftsgeschichte. Berlin: Duncker und Humblot.

Weede, Erich. 1986. Income Inequality and Violence Reconsidered. American Sociological Review 51: 438-441.

Weede, Erich. 1992. Mensch und Gesellschaft. Tübingen: Mohr.

Weede, Erich. 1996. The Impact of Distributional Coalitions and State Power on Economic Performance. S. 401-421 in Chikio Hayashi and Erwin K. Scheuch (eds.): Social Research in Germany and Japan. Opladen: Leske and Budrich.

Weede, Erich. 1997. Income Inequality, Democracy and Growth Reconsidered. European Journal of Political Economy 13(4): 751-764.

Weede, Erich. 1999. Kapitalismus und Solidarität, Arbeit und Wachstum in westlichen Industriegesellschaften. Zeitschrift für Politik 46 (1): 30-49.

Weede, Erich. 2000. Asien und der Westen. Baden-Baden: Nomos.

Weede, Erich. 2001. Südkorea und Rußland: Wie man Wohlstand erarbeitet oder verspielt. ORDO 52: 175-187.

Weede, Erich and *Sebastian Kämpf.* 2002. The Impact of Intelligence and Institutional Improvements on Economic Growth. Kyklos 55(3): 361-380.

Weingast, Barry R. 1995. The Economic Role of Political Institutions: Market-Preserving Federalism and Economic Development. Journal of Law, Economics, and Organization 11(1): 1-31.

Welter, Patrick. 2002. Freiheit im Sozialstaat. S. 269-277 in Kurt R. Leube (ed.): Vordenker einer neuen Wirtschaftspolitik. Festschrift für Christian Watrin. Frankfurt am Main: Frankfurter Allgemeine Buch.

Wilensky, Harold L. 1975. The Welfare State and Equality. Berkeley: University of California Press.

Williamson, Oliver E. 1990. Die ökonomischen Institutionen des Kapitalismus. Tübingen: Mohr.

Winiecki, Jan. 1988. The Distorted World of Soviet-Type Economies. London: Routledge.

Wood, Adrian. 1994. North-South Trade Employment and Inequality. Oxford: Clarendon Press.

World Bank. 1993. *The East Asian Miracle*. New York: Oxford University Press.

World Bank. 1995. *World Development Report*. New York: Oxford University Press.

World Bank. 2002. *Globalization, Growth, and Poverty*. New York: Oxford University Press.

Personenregister

Albert, Hans 16, 53, 57
Albert, Michel 43
Alchian, Armen A. 14
Alesina, Alberto 62
Alm, Richard 107
Ames, Ruth E. 133
Atkinson, Anthony B. 58, 106

Baader, Roland 44
Barbier, Hans D. 79
Barro, Robert J. 54, 62, 102, 106, 120
Bartley, W.W. 47
Bauer, Peter. T. 118, 121
Baumol, William J. 66
Beach, William W. 62
Berger, Peter L. 43, 57
Bergsten, Fred 107
Berman, Harold J. 87
Bernholz, Peter 14, 54, 63, 66, 67, 70, 75, 77, 99, 102, 132
Berthold, Norbert 54, 109
Besters, Hans 77, 122
Bhagwati, Jagdish 57
Bhalla, Surjit S. 113
Bierhoff, Hans Werner 30
Birdzell, L.E. 50
Birg, Herwig 55, 130
Blankart, Charles B. 82
Blau, Peter 20
Bleany, Michael 120
Block, Walter 62
Bluestone, Barry 105

Breyer, Friedrich 63, 66, 67, 70, 77, 132
Brittan, Samuel 131
Buchanan, James M. 17, 25, 63, 116
Burnside, Craig 121
Bussmann, Margit 62

Coleman, James S. 34
Collins, Randall 40
Cox, W. Michael 107
Curzon-Price, Victoria 122

Davis, Gareth G. 62
Deutsch, Karl W. 17
Dollar, David 113, 120, 121

Ederer, Günter 117
Edwards, Sebastian 62, 113, 120
Eichenberger, Reiner 14
Ekelund, Robert B. 78
Engels, Friedrich 43
Enste, Dominik 83
Erhard, Ludwig 53, 92, 100, 101
Eucken, Walter 43, 66

Feld, Lars P. 132
Fleischmann, Jochen 96
Föste, Wilga 58, 76
Freeman, Richard B. 108
Frey, Bruno S. 14
Friedman, Milton 48

Gerschenkron, Alexander 120
Giersch, Herbert 121
Goldsmith, Arthur A. 62
Gottschalk, Peter 108
Graeff, Peter 72, 111
Gray, John 104
Greenaway, David 113
Grossekettler, Heinz 77
Gwartney, James 62

Haan, Jakob de 62, 120
Habermann, Gerd 53, 100, 101
Hansen, Henrik 121
Hayek, Friedrich August von 16, 45, 46, 48, 49, 85, 89, 102, 120
Hilpert, Jörg 109
Hirsch, Fred 59
Hofstätter, Peter R. 28
Homans, George C. 13

Inglehart, Ronald 105, 129
Isaac, R. Mark 133
James, Harold 25, 118
Janis, Irving L. 29
Janßen, Peter 58, 76
Jasay, Anthony de 22, 90, 91, 95
Jones, Eric L. 85, 86, 88, 89

Kahneman, Daniel 13
Kammler, Hans 87
Kämpf, Sebastian 62, 120
Kapstein, Ethan B. 111
Keefer, Philip 62
Keynes, John Maynard 115

Kim, Oliver 133
Kirchgässner, Gebhard 132
Knack, Steve 62
Köcher, Renate 57
Köster, Thomas 25, 66
Kraay, Aart 113
Krueger, Anne O. 110, 112
Krugman, Paul 108
Kuhn, Thomas S. 14

Lakatos, Imre 14
Lal, Deepak 42, 46, 66, 70, 87, 103
Latané, Bibb 30
Lawson, Robert 62
Leinert, Johannes 76
Lenel, Hans Otto 25
Lenski, Gerhard 95
Libecap, Gary D. 37
Lindbeck, Assar 128
Lindert, Peter H. 109
Lipset, Seymour M. 27, 43, 57, 113

Maddison, Angus 120
Marwell, Gerald 74, 133
Marx, Karl 43
McKenzie, Richard B. 15
Mehlkop, Guido 62, 72, 111, 129
Miegel, Meinhard 52, 55, 76, 93, 102, 107, 117, 130, 131
Mihm, Andreas 72
Mises, Ludwig von 41, 49, 57, 61, 89, 95, 127

Moser, Peter 82
Muller, Edward N. 95, 111, 113
Müller-Vogg, Hugo 52, 54, 55, 69, 73, 111

Nam, Chong Hyun 113
Nishiyama, Akira 120
North, Douglass C. 40
Novak, Michael 44

Oberender, Peter 96
Oliver, Pamela E. 74
Olson, Mancur 20, 21, 22, 24, 30, 68, 74, 78, 86, 99, 116, 120, 123
Oneal, John R. 62, 114

Pampel, Fred C. 132
Pejovich, Svetozar 42, 50, 72
Perrson, Torsten 62
Peterson, Peter G. 130
Pitlik, Hans 62, 120
Pomeranz, Kenneth 110
Popper, Karl R. 14, 16, 51, 110
Posner, Richard A. 111

Rabin, Matthew 13
Radnitzky, Gerard 14
Rainwater, Lee 58, 106
Ray, James Lee 114
Rodden, Jonathan 89
Rodin, Judith 30
Rodrik, Dan 62
Rohwer, Götz 107
Rosenberg, Nathan 50

Rummel, Rudolph J. 23
Russett, Bruce M. 114

Sala-i-Martin, Xavier 54, 102, 120
Samuelson, Paul A. 105
Savioz, Marcel R. 132
Scheuch, Erwin K. 37, 44
Schmähl, Winfried 55
Schmid, Josef 55
Schneider, Friedrich 83
Schuknecht, Ludger 54, 91, 92, 93, 100
Schumpeter, Joseph A. 18, 26, 44, 66, 105, 114
Schwarz, Gerhard 16, 57, 102
Seldon, Arthur 14, 70, 78, 91, 93, 97
Siebert, Horst 60, 69, 73, 83, 106, 111
Siermann, Clemens L.J. 62
Simon, Herbert A. 15
Smeeding, Timothy M. 58, 106, 108
Smith, Adam 19, 20, 22, 40, 82, 104
Sowell, Thomas 24
Soysa, Indra de 62, 111
Stolper, W.F. 105
Streissler, Erich W. 57
Streit, Manfred 58
Sturm, Jan-Egbert 62, 120

Tabellini, Guido 62
Tanzi, Vito 54, 91, 92, 93, 100, 117

Tarp, Finn 121
Thaler, Richard H. 13
Thomas, Susan H. 133
Tietmeyer, Hans 77
Tinbergen, Jan 45
Tocqueville, Alexis de 43
Tollison, Robert D. 63, 78
Torstensson, John 62
Tullock, Gordon 15, 25, 63, 132
Tversky, Amos 13

Usher, Dan 93–94

Vanberg, Viktor 15, 25, 117
Vaubel, Roland 87, 89

Walker, James M. 133
Walker, Mark 133
Watrin, Christian 47
Weber, Max 13, 17, 35, 36, 40, 84, 85, 87, 90
Weingast, Barry R. 88, 89
Welter, Patrick 52
Wibbels, Erik 89
Wilensky, Harold L. 132
Williamson, Jeffrey G. 109
Williamson, John B. 132
Williamson, Oliver E. 33
Winiecki, Jan 35
Wood, Adrian 108, 109

Sachregister

alternde Gesellschaften 10, 55f., 76, 93, 132
Arbeitsanreize 10, 22, 34, 36f., 40, 47, 52f. 55, 61, 83, 101, 125, 128, 133
Arbeitslosigkeit 60f., 68–69, 72, 106, 129, 132f., 135
Arbeitsteilung 18, 22, 34, 36 82–83, 104
Armut 88, 106–107, 113, 117, 122, 123

Bevölkerungsentwicklung 55, 117, 124, 129f.
Bürokraten, Bürokratie, Bürokratisierung 14, 35f., 46, 47, 63, 82, 100

Demokratie 23f., 26f., 50, 57, 75, 78, 89, 91, 93f., 95f., 99f., 112f., 130, 132f.
demokratischer Frieden 112f.
Diskriminierung 24–25, 121f.
Drückebergerei 33f., 37f.

Egoismus, Eigennutz 18, 19, 21–23, 25, 29, 31, 44, 69, 94, 122, 133
Eigentumsrechte 26, 40f., 48, 51, 62, 76, 84, 86f., 90, 91, 94, 117

Einkommensverteilung 58, 62, 95f., 99f., 106f., 111
Entwicklungsländer 62, 109, 113, 118f., 130
Föderalismus 88, 134
Freiheit, Freiwilligkeit 17, 24, 31, 40f., 45f., 48f., 51f., 62, 69, 72, 80, 84, 89, 94–95, 101f. 111, 113, 117, 120f., 126, 134
Frieden 76, 112f.

Globalisierung 10, 65, 104f., 112f., 129f.
Gewerkschaften 68f., 71, 75, 79, 119

Herrschaft 20f., 44, 65, 78, 86f., 90f., 94, 102
Hierarchien 20f., 33f., 88

Innovation 29, 49f., 65, 69, 79, 83, 109
Intellektuelle 44, 46
Interessengruppen 67f., 73f., 97f., 116, 124f., 131

Kapitalismus 41f., 49, 57, 85, 91, 114, 115f., 124
kapitalistischer Frieden 112f., 130
Kartelle 67f., 71, 75, 99

Kollektivgüter 22, 30f., 38, 67, 74, 76, 84f., 90, 123, 133
komparative Kostenvorteile 104
Konkurrenz, siehe Wettbewerb
Konsens 26, 28f., 49–50, 90f., 93
Kontrolle 33f., 38f.
Korruption 72
Kriegsverhütung 10, 112f.

Legitimität, Legitimation 17, 20f., 23, 28, 53, 56f., 78, 90, 103, 112, 124
Löhne 60–61, 68f., 83, 106f., 110–111, 113, 119, 128, 131

Macht, Machtkonzentration 20f., 41, 51, 67, 86, 90, 94, 110, 117, 126, 134
Markt, Marktwirtschaft 18f., 22, 24, 27, 35, 37, 41f., 54, 57, 70f., 77, 79, 83, 88, 100, 103, 104, 113, 117f., 124
Marktversagen 35, 39, 102
Mehrheit, Mehrheitsentscheidungen 23f., 26, 27f., 30, 45, 49, 71, 74, 78, 91, 94, 95f., 118, 120, 132
Menschenbild 11, 13f., 77, 122, 133
Minderheiten 24, 27, 49, 71, 74, 78, 96, 118, 120, 131f.
Mitbestimmung 18, 50f., 94
Monopole 22, 63f., 71

Neid 19–20, 22, 25

öffentliche Güter, siehe Kollektivgüter
Oligopole 67f.

Parteien 57, 90, 98, 117, 125, 133
Planung 42, 46, 84
Positionsgüter 59
Preise, Preisverzerrung 41f., 53, 63f., 67f., 71, 80f., 96, 121, 126

rationale Ignoranz 31, 39, 75f., 122, 124f.
Rationalität 14f., 40, 46, 123
Recht 22, 40, 48, 81, 84, 87
Regelungskomplexität 72, 84, 130, 135
Renten(versicherung) 10, 55f., 76, 93, 124, 129, 135
Rent-Seeking 63f., 71f., 78, 96f., 119, 126, 129

Selbstbestimmung 18, 49, 84, 94
Sozialismus 35, 41, 44, 127f.
Sozialstaat 14, 51f., 60f., 77, 101, 117f., 124, 128f., 132
Staatstätigkeit 11, 17, 22, 31, 35f., 51f., 60, 67, 72, 79, 80f., 90f., 127
Staatsversagen 47, 69

Standortwettbewerb 89, 104f., 116f., 129f.

Tausch 17f., 20f., 27, 82, 104, 116

Trittbrettfahren 53, 67, 123, 133

Umverteilung 53f., 63f., 91, 93f., 95f., 117f., 128, 132

Unternehmen, Unternehmer 33f., 37, 47, 50, 58, 71f., 82, 125

Verantwortung 30, 31, 48f., 52, 53, 72, 79, 84

Verteilungskoalitionen, siehe Interessengruppen

Vorurteile 24, 29

Wahlen, Wähler, Gewählte 28, 31, 71, 98f., 124f., 132f.

Wettbewerb 14, 18, 25, 33f., 37, 47, 50, 58, 63f., 67f., 70f., 84f., 89, 97, 105f., 127, 133

Wirtschaftswachstum 40, 62, 89, 102, 106f., 120, 128f., 132

Wissen 16, 40, 45f., 51, 94, 131

Wohlfahrtsstaat, siehe Sozialstaat

Zwang, Zwangsgewalt 17, 45, 52, 89, 102, 118

Theorie der sozialen Ordnungspolitik

Herausgegeben von Norbert Berthold und Elke Gundel
2003. 344 S. gb. € 54,- / sFr 93,-. ISBN 3-8282-0245-4

Mit Beiträgen von
Robert Arnold, Sascha von Berchem, Norbert Berthold, Gerold Blümle, Winfried Boecken, Jochen Fleischmann, Lothar Funk, Egon Görgens, Nils Goldschmidt, Elke Gundel, Rainer Hank, Stefan Hörter, Karl Homann, Christoph Kannengießer, Guy Kirsch, Hans-Joachim Klöckers, Hans-Peter Klös, Eckhard Knappe, Karl Lehmann, Manfred Löwisch, Bernd von Maydell, Angela Merkel, Peter Oberender, Ulrich Roppel, Thomas Straubhaar, Viktor J. Vanberg und Jens Weidmann

---

Sozialpolitik muß sich innerhalb marktkonformer Regeln bewegen und auf wenige klar abgegrenzte Bereiche konzentrieren. Eine solche soziale Ordnungspolitik beruht auf der Freiheit des einzelnen und auf dessen Pflichten. Durch Eigenverantwortung und Eigenvorsorge muß dem Bürger die Chance, aber auch zugleich die Pflicht zum eigenen Handeln gegeben werden. Die Sozialpolitik ist dann ein nachgeordnetes Korrektiv des Marktgeschehens, bei dem private, marktwirtschaftliche Lösungen lediglich dann durch staatliche ersetzt werden dürfen, wenn dies wohl begründet ist.

Im vorliegenden Band zeigen Vertreter aus Wissenschaft, Wirtschaft, Kirche und Politik auf, daß eine sozialpolitische Neuorientierung erforderlich ist: Solidarität und Subsidiarität müssen einen geänderten Stellenwert erhalten. Notwendig hierfür ist, daß sich die dringend anstehenden Reformen der bisherigen Sozialpolitik einer ordnungspolitischen Grundentscheidung verpflichtet fühlen, also als soziale Ordnungspolitik konzipiert werden.

Hauptthemen

I. Sozialpolitik als Ordnungspolitik
II. Ordnungspolitik und soziale Marktwirtschaft
III. Soziale Ordnungspolitik und soziale Sicherung
IV. Arbeitsmarktordnung und Arbeitslosigkeit
V. Internationale Wirtschaftsordnung und Ordnungspolitik

 Stuttgart

Zukunft der Sozialen Marktwirtschaft
Schriftenreihe der Ludwig-Erhard-Stiftung

Band 3: Gesundheitspolitik in der Sozialen Marktwirtschaft
Analyse der Schwachstellen und Perspektiven einer Reform
von Peter Oberender und Jochen Fleischmann
2002. 180 S., kt. € 16,90 / sFr 30,10. ISBN 3-8282-0225-X

Das deutsche Gesundheitswesen hat sich in den vergangenen Jahren und Jahrzehnten zur politischen Dauerbaustelle entwickelt: Eine Reform jagt die andere, Gesundheitspolitiker kommen und gehen. Was offensichtlich fehlt, ist eine langfristig tragfähige Reformperspektive. Die Debatte um eine Reform des Gesundheitswesens darf sich nicht darauf verengen, nur Kosten zu senken und Sozialleistungen abzubauen. Vielmehr ist aufzuzeigen, wie sich die Interessen von Bürgern, Leistungserbringern und Versicherungen wechselseitig ergänzen können. Dieser Band will einige dieser Ideen genauer vorstellen und aufzeigen, wie sie dazu beitragen können, ein zukunftsfähiges Gesundheitswesen zu gestalten. Unter Berücksichtigung der Ziele, die in einer freiheitlich-demokratischen Gesellschaft mit dem Gesundheitswesen verbunden werden, wird ein systemtragender Steuerungsmechanismus als Reformperspektive ausgewählt.

Band 5:
Megafusionen, Wettbewerb und Globalisierung
von Oliver Budzinski und Wolfgang Kerber

2003. VIII/125 S., kt. ca. € 15,90/sFr 28,30. ISBN 3-8232-0257-8

Globalisierung gehört zu den beherrschenden Trends des beginnenden 21. Jhts. Ökonomisch bedeutet sie vor allem das Zusammenwachsen nationaler, voneinander getrennter Märkte zu übernationalen, häufig weltumspannenden Märkten. Damit verändern sich auch der Wettbewerb und die Anforderungen an die Anbieter und Nachfrager auf massiv vergrößerten Märkten. Die im Prinzip positive Entwicklung bedeutet intensiveren Wettbewerb und verringerte Anbietermacht und nützt damit gerade den Konsumenten. Dennoch weckt die Globalisierung bei den Bevölkerungen Unbehagen und Proteste – nicht nur von Kapitalismusgegnern, sondern auch einigen Verfechtern der Marktwirtschaft.
Im vorliegenden Band wird erörtert, ob internationale Fusionen zwischen Konzernen wirklich Wettbewerb und Marktwirtschaft gefährden, und welche Möglichkeiten die (Wettbewerbs-)Politik hat, eine solche Entwicklung zu kontrollieren. Es wird versucht, ein differenziertes Bild der grundsätzlichen Problematik und der speziellen Wirkungen internationaler Megafusionen zu zeichnen.

 *Stuttgart*

ORDO

**Jahrbuch für die Ordnung von Wirtschaft und Gesellschaft
Band 53**

Herausgegeben von

Hans Otto Lenel, Helmut Gröner, Walter Hamm, Ernst Heuß, Erich Hoppmann, Ernst-Joachim Mestmäcker, Wernhard Möschel, Josef Molsberger, Peter Oberender, Alfred Schüller, Viktor Vanberg, Christian Watrin, Hans Willgerodt

2002. XVI/528 S. gb. € 78,- / sFr 132,-. ISBN 3-8282-0209-8

Inhaltsübersicht

Walter Hamm
Finanzpolitik für die kommende Generation

Manfred E. Streit
Wirtschaftspolitik im demokratischen Wohlfahrtsstaat - Anatomie einer Krise

Egon Görgens
Europäische Geldpolitik: Gefährdungspotentiale - Handlungsmöglichkeiten -Glaubwürdigkeit

Hans Willgerodt
Markt und Wissenschaft - kritische Betrachtungen zur deutschen Hochschulpolitik

Alfred Schüller
Sozialansprüche, individuelle Eigentumsbildung und Marktsystem

Wernhard Möschel
Funktionen einer Eigentumsordnung

Verena Veit-Bachmann
Unsere Aufgabe. Friedrich A. Lutz (1901 - 1975) zum 100. Geburtstag

Gerd Habermann
Ordnungsdenken - eine geistesgeschichtliche Skizze

Guido Bünstorf
Über den Wettbewerb als allgemeines Aufdeckungs-, Ordnungs- und Erkundungsverfahren

Roland Vaubel
"Das Wunder der europäischen Musik" und der Wettbewerb

Roland Kirstein/Dieter Schmidtchen
Eigennutz als Triebfeder des Wohlstands - die invisible hand im Hörsaal-Experiment sichtbar gemacht

Sven L. Eisenmenger
Der Netzzugang als Blockademittel in der Stromwirtschaft

Dieter Fritz-Aßmus/Egon Tuchtfeldt
Insolvenzen in Deutschland: Entwicklung und ordnungspolitische Perspektiven

Frank Daumann/Mathias Langer
Zur staatlichen Förderung von Sport-Großveranstaltungen

Cornelia Storz
Zum Wandel der japanischen Unternehmensorganisation: Innovationsfähigkeit zwischen Diskontinuität und Stabilität

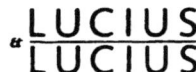 *Stuttgart*

Bei Fragen zur Produktsicherheit wenden Sie sich bitte an:
If you have any questions regarding product safety,
please contact:

Walter de Gruyter GmbH
Genthiner Straße 13
10785 Berlin
productsafety@degruyterbrill.com